エドワード・ギボン 著

Edward Gibbon

回想録

Memoirs of My Life

マテーシス 古典翻訳シリーズ Ⅶ

高橋昌久 訳

風詠社

目次

凡例

一．本書はエドワード・ギボン（1737-1794）による手記で、死後の一七九六年に出版された *Memoirs of My Life* を Edward Gibbon, *Memoirs of My Life*, Penguin Classics, Kindle Edition, 2006. を底本として高橋昌久氏が翻訳したものである。

二．表紙の装丁は川端美幸氏による。

三．読書の助けとするため、本書末尾に編集部が脚注を施した。

四．小社の刊行物では、外国語からカタカナに置換する際、原則として現地の現代語の発音に沿って記載している。ただし、古代ギリシアの文物は訳者の意向に沿って古典語の発音で記載している。

五．「訳者序文」の前の文言は、訳者が挿入したものである。

六．本書は京緑社の Kindle 版第五版に基づいている。

All through the long glistening middle hours of the Indian day, from when we quitted stables till the evening shadows proclaimed the hour of Polo, I devoured Gibbon.

Winston Churchill

インドの照り渡る長い日中の間ずっと、厩舎を離れポロの時間を告げる夕方の黄昏時まで、私はギボンを貪り読んだ。

ウィンストン・チャーチル

訳者序文

ギボンは言うまでもなく大著「ローマ帝国衰亡史」の作家である。この作品は歴史上大きな意義を持つものであり、それによりギボンの名が（少なくとも現代まで）不滅なものとなったのは疑いのないことである。

本書はそのギボンの自伝である。この作品を知ったのはモームの「読書案内」である。「ローマ帝国」の方は膨大な知識があり読み通すだけでも苦労するが、自伝の方が極めて平易であり、読みやすい。「文学者」としてのギボンの力量が発揮されているのはこちらの方である。

読みやすいと言っても、現代の日本人読者からすると時代と国が異なるゆえに、大学の宗教争い等慣れぬ事柄も出てくるのである程度は踏ん張らないといけないところもあるだろう。だがそれでも本作は淡々とわかりやすく書かれており、決して着飾ったり感動的なシナリオを描こうとしている意図は感じにくい。無論、色をつけている部分もないではないだろうが、大抵の場合読み手に感動を与えることを第一意図とするのが多い中で、本作はそういうのは見受けられずそれゆえ信憑性が相応にある、と思われる。

象牙の塔に篭って生を終えなかった一人の本当の文学者としての華やかながら素朴な人生が存分に本作に濃縮されていると私は考えている。

第一部

第一章　私の家系に関して

我々の祖先たちに関して知り、記録に留めようとする欲求が一般的に流布しているのは、人の精神において何らかの共通の原則に依るものに違いない。我々の想像力は、自然が我々を閉じ込めた狭い範囲を拡大していくのに常に活発である。人個人には五十年か百年ほどの人生が割り当てられているかもしれないが、宗教や哲学が述べるように自分の死後にも意識を向け、祖先と自分を関連させて自分が生誕するより前にある沈黙の空虚さを埋め合わせる。我々はどうも自分たちの先祖のふりをして生きてきたかのようである。この理想的な長生きをさらに伸ばすのが仕事の目的であり、また空虚さの報いである。そしてこのことを内密に行おうとしているのを心から軽蔑できる人間はほとんどいないだろう。遠い昔の我々の祖先に関する知識は、抽象的に優れているものとして敬意を持って取り扱われる。というのもそれが乱雑な知識であれ味わうことができないからである。だが祖先が農民や職人だった場合の長い家系図は、後世の人がそれを振り返ってみても彼らのプライドにとっては快いものとは思わないだろう。我々は先祖を発見したいのだが、その際彼らが十分な富を持っていて、名誉ある称号で家系を飾っていて、世襲の貴族階級において卓越した地位を持っていて、それらを最も賢明で福祉的な目的として地球上のほとんどのところで、あらゆる社会体制において活用していることをつい願ってしまうのである。これらのうちのどれかについて、自分達の先祖が先祖の同時代の人々よりも個性の長所や栄光的な業績の点で凌駕していたら、心に好意を抱いて自分の先祖たちの人間性に同調することだろう。あるいはそういった英雄の人生の血が自分の体内にも脈々と受け継がれているのを感じるのを胸を躍らせて好奇の目を以て追い求めない人はいないだろう。

私がこのようにいえば風刺文学者は哄笑し、哲学者は弾劾するだろう。だが人類の経験によって神聖化された諸々の偏見や習慣を、理性それ自体が尊敬するのである。

もっと冷静に判断してみても、古く価値の多い家系の誇りを抑圧することはなく、せいぜい宥める程度であろう。だが栄誉を見積もる場合、我々は富や辿った運命以上に、自然が授けたことに評価を下すことを学ばなければならない。社会の福祉をもっともよく促進させる点において我々の祖先の資質を尊敬し、そして王家の身分を相続した者よりも天才の子孫で同じ後世の人々に教えを授けたり悦ばせたりした者の方がより高貴だという声を発する必要がある。私は中国の孔子の家系が世界で最も素晴らしいと考えている。八世紀あるいは十世紀ほど何とか遡っていければ、ヨーロッパ諸国の男爵や王子様たちも中世の暗闇においてその姿が見えなくなる。その一方、広大な中国大陸において、孔子の子孫達は二千二百年にわたって平穏な名誉と変わらぬ家系の継承が行われ続けている。そして孔子一家の当主は、その領地と人々から人類最大の叡智の生きた人物像として敬意を払われている。スペンサー一家の高貴さは、マールブラの戦利品によって華々しく印象付けられているが、だが私としては「妖精の女王」こそが彼らの被っている王冠の数ある宝石のうち最も貴重な宝石であることを勧戒したい。

かの高貴なる家庭の名誉ともいうべき
三人の淑女たちもその賞賛すべき価値は劣らず
そして私のその家系の末裔として誇る

不滅の作家フィールディング[1]は、七世紀にアルザス公であったエルトリコの末裔であるハプスブルク伯爵家からでたテンビー伯の次男の血を引いていた。ハプスブルク家の辿った運命はイギリスとドイツの両国においてはずいぶん異なったものだった。イギリスの方は、レスタシャヤの騎士・市長官の身分からゆっくりと貴族の身分へと上っていったのに対して、ドイツの方は、ドイツ皇帝とスペインの国王として、古い世界を脅かし新しき世界の多数の価値あるものを侵略していった。カール五世の系統を継ぐ者はイギリスの兄弟たちを見下すかもしれないが、『トム・ジョウンズ』という多数の人間性を卓越して描き出した物語は、エスクリアル王宮やオーストリア王室の鷲印よりも長く生き続けるであろう。

哲学者は祖先に関して誇りを抱くことは正当に軽蔑するだろうし、もし哲学者自身が身分の低い人であったなら、そういう風に軽蔑できることに愉悦するだろう。土地や称号と一緒に才能や徳性を受け継ぐことはありえないのは明らかな真実だ。そして人類全体の母イヴの穢れなき純潔も正当に受け継がれてきたとされるが、それの根拠となるのも十分に確固たるものとは言えない。それでも全ての時代と全ての国において、人類の共通良識や共通偏見は、尊敬すべき父親の息子はやはり尊敬すべしという具合に同意して、受け継がれていく世代は、今までの世代の華々しい連鎖をさらにつないでいくべきとみなされている。卓越した一族の人が国家の高い地位を有している場合は、教育と模範から常に情操の威厳と礼節さが彼らに身についているはずであり、そして彼ら自身と公衆によってそれらが汚名を被せられることから守るのである。いつを起源としているか分からないある古くから続く高貴な、絶やしてはならないと思わせる家系についての文を読むとき、その辿った多彩な運命について我々は同情の念を覚える。またその家系の栄誉に関わりを持つ人々の高潔な熱意や無邪気な虚栄心についても我々は非難することができない。過去の出来事について検討していく場合、我々の好奇心は直接的あるいは間接的な影響が我々に与えられるということを知ることによってさらに駆り立てられる。その地域では当該地域の歴史が最も人気を博する。そして家庭同士のつながりは王国や州や都市とのつながりに比べてはるかに親密で好意を持つものである。私に関して言えば、私の系譜が将軍や政治家や文学家から描くことが出来れば、私は子孫としての愛情を持って勤勉に彼らの人生と彼らの遺した文章について探求していくであろう。そしてこのような形式ばっていない関係による喜びの感情が、それを虚栄とでも言おうか、私の心の中に浮かぶかもしれない。それでも私は彼らの生前持っていた称号や所有物よりも彼らの人格的な値打ちにおいて喜びを抱きたいと思う。私は軍事的名誉よりも文学的名誉の方を重視したい。そして私はマリウスよりもキケローの血を、またガーター勲章を最初に授けられた人よりもチョーサーの血を受け継いでいたいと思う。孔子の家系が私の意見では世界で最も高貴なものだと思っている。七十もの「本当の」世代がこの哲学者の世代から経過して今の家系の当主に至っている。中国の始祖とされている黄帝から百三十五もの世代が経過している立派な系譜を持つものと考えられていて、それは中国において四千四百二十五年間今も栄えている。私は自分の気持ちを躊躇せず包み隠さずに、いつものように全部曝け出した。読者全員が、例えその者が貴族だろうと平民だろうと、今言及した同じ題目について、自分の良心において検討してみるのはいかがだろうか。

こういった感情を私はより信頼に値すると考えている。というのもそれは正確なもの、少なくとも自然なものだからであり、私自身としてはこういった自分の存在の原因には興味を持っていない。というのも「私の」先祖からは栄誉や恥を引き出すことはできないからである。

私の家は、元々はケント州から由来しているものである。そこの住民たちは過去の早い段階から丁寧さ、勇敢さ、自由という土着の性格を身につけていた。サセックスおよび海に境を接する南部地方は以前はアンデレダ大森林が一帯を覆っていて、今でもなお「ウェアルド」あるいは森林の名称を保持している。この地域のロールウェルデン村において、ギボン一家は一三二六年に土地を領有し、長子の血筋は、財産を大きく増やすことも減らすこともなく、いまだにその土地に定住している。ギボンの名前が現れてから十四後、ジョン・ギボンはエドワード三世のマリモラリウス、つまり国王の建築家としての記録を残している。メドウェイ州の河口で守備の位置についていたクイーンズバラの強固で堂々たる城は、ジョンの技術を表す建築物である。またサンイッジよりサニット島のストウラナーに至る経路において付与された世襲的徴税権は、非凡な芸術家に対する報酬として相応しいものであった。使者が訪問してきたときはギボンの名が頻繁に挙げられていた。彼らは敬称や称号が現代ほどは濫用されていない時代に、敬称で呼ばれるほどの称号を有していた。そのうちの一人はエリザベス女王の治世時代においてケント市民軍の隊長であった。近隣の土地ベネンデン町に建築された無料の学校は、その設立者の慈善心と裕福さを示している。しかし時代の経過か、あるいは彼ら自身が目立たぬ生活をしているためか、私のケントの祖先たちの美徳と悪徳が忘れ去られている。彼らの性格や地位によって、彼らの労働や楽しみは田舎生活において制限されていた。また、教区の過去帳記入が行われ出したのはここ最近のことだから、

行って探すのだ！あの書物に、貧しいも富めるも関係なく

全ての者が生まれてから死ぬまでの、その経歴が記される
（ポープ『人間論』第三巻、一八七―一八八）

という詩人の忠告に従って、名前を調べていくことも到底できない。十七世紀の始まりごろに、ロールヴェンデン村のギボン家の次男が田舎から都会へと移住し、ここから私の血縁がはじまるのである。法律関係の職につくには多少のスキルを必要とする。教会でやっていこうと思ったら幾分か制限を我慢しなければならない。そして今日のように、陸軍や海軍や文官制度、インド帝国等が多くの新参者を受け付けていないゆえに、高等教育を受けた上流階級の若者が独立した職務をしようとしたなら商売を選ぶことがしばしばであった。最も立派な一家も会計室や店の経営さえも決して軽蔑することはなかった。彼らの名前は、ロンドン商社同業組合の名簿に記載されている。そしてイタリア共和国同様、イギリスにおいても紳士的上品さは商売取引によって貶められるようなことは決してないと報道官は布告せざるを得なかった。

騎士道時代において騎士の兜や盾を飾った紋章が、今では空虚な装飾となり、馬車を組み立てるだけの金を持っている者は、自分の好きなように鏡板に描くことができる。私が使っていたものと同じものであり、それは水色の地面の上に三枚の銀色帆立貝に囲まれた、左後脚で立ち上がった正面の獅子を描いたものである。だが私の一家の紋章について、それが最も無

用な紋章であるにも拘らずここで描写したのは、それに関して奇妙な逸話があるからである。ジェームズ一世の時代に、エドモンド・ギボン殿は三人の女性の親戚が彼に不当に訴訟を起こしたことに怒ってしまい、その女性たちを吊し上げるために、無害な三枚の帆立貝を三人のオーグレス、つまり人喰女に変えてしまったのだ。だがこの風変わりな復讐方法は、紋章院総務のサー・ウィリアム・シーガーの認可を受けはしたものの、その創案者の死とともにその効力を失った。テンプル教会にある彼自身の墓碑においてもすでにその怪物たちは消滅し、三枚の帆立貝が正当な世襲の位置を取り戻した。

婚姻関係について述べても、決して恥ずかしいものではないだろう。後に読者が知ることになる青色マントの追跡者は、フィリップ家、ウェットノール家、スフォークのエドガー家、クローマー家、バークリー家、ヘックストール家、エレンブリッグ家、キャルヴァレー家、ウェットノール家を列挙していく（彼は一家の家系の誇りを弄んでいると思われないように確信しながら列挙している）。そして家系と祖先を見るならば（nam genus et proavos）（オウィディウス『変身物語』第一三、一四〇）、そういった誇りを持つのは家系を否定することと同じくらい滑稽なものである。そしてギボン一家がイギリスの古いジェントリたちのいくつかの名門と直接的にあるいは間接的に、連関していたということを単純に私は見出す。洗練された趣味を持つ男性と女性全てが好むグラモン伯爵の回想録は、ウェットノールまたはペッカム地方のウィットノール家の名前を不朽なものとする。「白きウィットノールと悲しきペッカム」

という具合に。だがそういった趣味を持たない婦人や侘しく人気のない邸宅は、ハミルトンと愛によって時折活気が与えられた。そしてもし「我々の」婚姻が「彼女の」婚姻よりも前のものでなかったなら、私がペッカムのウェットノールの子孫だということに今ほど確証は持てなかっただろう。十五世紀のクローマー家はケント地方の市長官、そしてロンドン市長にそれぞれ二回就任したことがある。だが私の先祖において最も光栄だと感じているのはジェイムズ・フィーンズに関してであり、彼はヘンリー六世の時代において御代大蔵卿を務めたセイ・アンド・シール男爵でもある。この人からフィリップ家、フェットノール家、クローマー家を介して、私が第十一代目の孫として至る。蔵相は地位を罷免されロンドン塔において幽閉されたが、それでもなお大衆の非難の声を鎮めるには至らなかった。そしてケントの暴動に対する形ばかりの裁判の後に娘のクローマーと一緒にこの蔵相は首を刎ねられた。

シェイクスピアの作品にも出てくる彼の罪科表は、民衆という暴君の無知と妬みを示すものである。メインとノルマンディーをフランスの第一王子に売り渡したという漠然とした非難に加え、敷物の上に乗馬して進んだのが贅沢だの、イギリスの敵国であるフランスの言葉で語ったのが反逆行為だのによって弾劾されたのだ。

ジャック・ケイドがこの不幸な蔵相について述べている。

「お前は謀反を企み、初心者学校なんかを建設して国内の若者たちを堕落させたのだ。我らの先祖たちの時代には本なんかなく、棒に刻み目をつければよかったのに、お前は印刷術を取り入れ始めたのだ。そして王や、王冠や、威厳に敬意を払わず製紙工場というものまで作ったのだ。お前は側にいる変な奴らを使ったのだ。そいつらはいつも名詞だの、動詞だの、キリスト教徒だととても聞いていられないようなそんな感じの忌々しい言葉を使っているのだ」

この劇詩人は一般的に歴史よりも人間個性に関してより注意を払っているし、おそらく印刷術はセイ卿の死から七年経過して初めてイギリスに導入されたはずである。とはいえ、私としてはこれらの価値ある罪のいくつかは実際に私の先祖が犯してくれていたらと期待するものだ。そして文学者としては、学問の庇護者と殉教者の血を受け継いでいることに誇りを抱くものだ。

前世紀の初めにおいて、一六一八年に逝去したケント州ロールヴェンデンのロバート・ギボン殿は、同じロバートという名前を持つ息子がいて、彼はロンドンに住処をおいて織物商組合の一員となった。彼の妻はエドガー家の娘であった。エドガー家はサフォーク州で四〇〇年以上栄え、ヘンリー七世の治世においてはサー・グレゴリー・エドガーという傑出した裕福な最高弁護士を生み出した家系でもある。一六四三年に逝去したロバート・ギボンの息子のうち、マシューの方は聖アンドリュー教区のレドンホール通りのリンネル商止まりの人物であったが、ジョンの方は彼の人生、個性、家族に関して興味深い記録を残している。ジョンは一六二九年一一月三日に生まれた。最初は古典学校で教育を受けたが、後にケンブリッジにあるジーザス・カレッジへと移って教育を受けた。また、彼はウスタシャー州のオールズバラでトマス・コヴェントリ卿の家に家庭教師として雇われた。ホッブズ氏がデヴォンシャイヤー一家で務めたのと同じ具合である。だが私の親類とも言えるこの人の精神はもっと活動的な生活を求め始め、兵士と旅行者として海外諸国を訪問し、フランス語とスペイン語を話せるようになり、しばらくジャージー島に逗留し、大西洋を横断して当時開拓されたヴァージニア州において一六五九年に十二カ月以上滞在した。この遠く離れた土地で彼は紋章学に対して興味、いやというより情熱を持ち始め、戦いへと出向く際の先住民のインディアンたちの踊りに格別の満足感を得たのだった。その舞踏において規則正しく彼らが足を動かしトマホークを振りかざすとき、彼の好奇に満ちた目は、彼の好きな紋章学の多彩な色やシンボルが染められているインディアンたちの小さな樹皮製の盾や裸体を見て、もの想いにふけった。「それを見て私はとても驚き、紋章というものは『ごく自然に』人間の感性に埋められているものと結論した。そうならば、今紋章に関して与えている評価よりも、さらに大きな尊敬を払うのに値する」

王政復古の後に英国へと帰還し、すぐに結婚した。彼はロンドン塔の近くにあった聖キャサリンズ・クロイスターの家に定住し（この家は後に私の祖父が相続した）、紋章院へと入学して青衣属官の肩書を一六七一年に得た。この地位において彼は五十年近くもの間、職務と好みが一致するという稀有な幸福を楽しんだのであった。彼の名前は今も紋章院で語り継がれていて、彼の手紙の多くは今も保存されている。当時の最も優秀な人物、サー・ウィリアム・ダグディル、アシュモール氏、ジョン・ベッツ博士、ネヘミヤ・グルー博士が彼の友人であった。そしてそういった人たちと交際する中で、ジョン・ギボンは天文学研究クラブに名を連ねて記録されても決して気後れはしないであろう。世襲的名誉に関する研究は王族としての特権において好ましいものであり、ジョン・ギボンも我々の一家と同様に、教会や政治に関してトーリー党に入れ込んでいた。チャールズ二世が世を治めていたころの末期に、ヨーク公に加担して筆を動かしたし、共和的な派閥に関しては心から嫌った。そして各々の動物が己の持っている武器に関して通暁しているように、この紋章官は盾に酷い有様の紋章を描くことによって復讐を果たそうとした。だがホイッグ政権が勝利を収めたことによって、青色属官の昇進は止まってしまい、彼がスチュアート家からの断絶を誓うまで彼の職は停止された。彼は九十歳まで生きた。そしていつとはわからぬが避けられぬ死の運命を待ちながら、彼は健康、才能、徳性の三つの祝福を保ったままでいたいと願い続けた。

一六八二年、彼はロンドンで『紋章学用ラテン語入門』を発刊したが、これはもともとキャムデンがやりたいと思っていたことで、ゴート人の制度の名称単語や属性をラテン語で表現したいというものだった。彼のやり方には風変わりで気取ったところがあった。乱雑気味な部分もあるが、彼は幾分かのウィットを描き出し、本から得た多くの知識が感じられ、そして情熱的熱狂もやはり多く感じられる。そして熱狂家はしばしば愚かな行為をするだろうが、そのエネルギーが消尽することはない。英語の文章では、散文にしろ韻文にしろ、絶えずラテン語の文が挿入されている。だが彼の自作した詩においては、作詩法から逸脱されている手法がとられている。ジョン・ギボンは自分の家系に関して豊富な知識を持っていたが、よもや自分の名前を忘れることなどあり得まい。そして私がギボン一家に関して所有している知識は、ほとんど全てをジョン・ギボンに負っている。この十二進法で百六十五ページある本において、その著作家は不滅の名誉を期待したのだった。そして彼の著作の最後に、自己歓喜の様子で歌い上げる。

この範囲まで私はローマの紋章学を修正した。
今後はあの見苦しい形の言葉はなくなるのだ。
もしこの書物が世に活用され重用されるならば
それこそ私の勤勉性の証である。
辛辣な批評家たちが何を言おうとも
次の世代が私には自己弁護の技術があったと認めるだろう

こういったことが著作者たちの願っていることなのだ！そしてこれらの願いが満たされなかった故に、ジョン・ギボンが自分の職業の第一人者というのではなく、また彼の名前が今後子供につけられない、ということもおそらくないだろう。

ジョンの弟であるマシュー・ギボンはリーデンホール通りの織物商人であったが、一人の娘と二人の息子がいて、その息子は一六六六年に生まれた私の祖父エドワードと後にカーライル副監督になったトーマスであった。この世の最良の書物は利益潤沢な元帳である、という商売世界の信条に従えば、紋章官ジョンの著作は甥のエドワードの著作に比べればはるかに価値の少ないものとなるだろう。だが少なくとも著作家は少なくとも公共の利益になるように書くべしとしているが、商売世界の退屈な貸借表は、それで利益を獲得している人だけに喜びをもたらすに過ぎない。さて、祖父エドワードの努力が実って、先祖たちの身分よりも高い身分を獲得することができるようになった。彼はどうやら多彩な商品を手広く取り扱い始めたようで、利益を上げるためなら自分の意見も押し殺した。例えば彼はフランドル地方においてウィリアム王の軍隊の制服を仕立てているが、本来なら安くはない値段でジェームズ国王ともっと喜ぶような契約を結べたはずであったのだが。

彼が外国に滞在している間、彼の本国における商売は彼の母へスターという活動的で商売上手な女性によって管理されていて、彼女の二番目の夫はアクトンという名前の一家の男やもめで、各々が最初に結婚した時の子供たちを夫婦にした。つまり祖父はレドンホール街の金細工師リチャード・アクトンの娘と結婚し、その後実の妹をオールデナムのサー・ウィトモア・アクトンに嫁がせた。このようにして私は、シャロプシャー州の由緒正しい忠実な従男爵一家と、三重の婚姻関係で繋がったのである。そのころには七人の兄弟がいて、皆大きな体格であった。そのうち百九十センチ弱の小人が、自分が七人の兄弟のうち自分が一番小さいことを告白し、さらに自分の一家を心から愛する気持ちを持ちながら、このような人々は革命以後この世に生まれたことはないと付け加えた。アン女王治世（一七一〇〜一七一四年）の最後の四年間、トーリー党政権の下ではエドワード・ギボン氏が関税事務官の一人に任命され、プライアーの同僚として勤務に励んだ。だが彼の素質は詩人よりも商人の方に向いていたのだった。というのもかつてボーリングブルック卿が、これほどイギリスの財政と商売に関して通暁している人と話しているのは今までになかった、と述べたとされているからだ。一七一六年南洋会社の取締役として選任されたが、彼の会計簿を見てみると、彼がこの生命の危険すら孕む職務に就任する前は、六万ポンドもの財産を一人で所有していた証拠が記されている。

だがこの財産も一七二〇年の難破において破綻し、三十年もの間の勤労生活はたったの一日で吹っ飛んでしまったのだ。南洋開発計画の有益性あるいが有害性、私の祖父と同僚の罪か無罪かについては、私はそれを判断するほどの力もなければ公平無私な立場にいるわけでもない。とはいえ現代の公平な立場ならば、正義を辱め不正をより一層憎ましいものとしてその傲慢で独断的な訴訟手続を非難したことであろう。国民が黄金の夢から目が覚めるや否や、民衆の、それどころか議会の非難の声が生贄を出せと叫んだ。だが南洋会社の重役たちにどれほど罪があろうと、当時の国で施行されていた法律の下では彼らを裁けないことは全員が認めていた。『デンマーク国』の著者モールズワース卿[2]の演説は、下院の気持ち、いやむしろ暴走を示しているだろう。「常軌を逸した犯罪には、それを償うだけの常軌を逸した手段が取られなければならない（と熱狂したホイッグ党員が叫んだ）。かつてのローマの立法者たちは、父親殺しなど起きようとは夢にも思っていなかった。だが実際にそれを犯した怪物が出現するや否や、袋に包まれ、真っ逆さまの状態で河へと投げ込まれた。そして今回の災禍をもたらした連中に対しても私は同じような措置を行えれば満足することだろう」。彼のこの提案は述べたとおりそのまま採用されることはなかったが、刑罰規定の法案が多数提出され、その罪を罰するために犯罪行為が行われた当時にはなかった法律の遡及的効果を設けようとした。このような法律や自由に対する忌々しい侵害は最も緊迫した場合におけるやむにやまれぬ事情においてその法が執行されるべきであり、今回の場合は危機の切迫や有益な判例として正当化が擁護されるようなことではなかった。

議会は会社の重役たちを拘束し、そこから外出する際は法外な保証金を課し、彼らの人格に最初から屈辱的な烙印を押しつけたのであった。彼らの資産の厳密に正確な価値を誓約の上で申告させられ、彼らの資産のいかなる部分も譲渡ならば売却することが許されなかった。刑罰規定の

法案に対して国民は皆、裁判所では被告は弁護士の聴取を受ける権利があるので、彼らもその権利を要求した。だがその要求は跳ね除けられ、彼らを告発したいと思っているものは証拠などには目を向けずいかなる弁護にも耳を傾けなかった。最初は重役たちに将来の生活の助け

となるよう各々の資産の八分の一については許容しようという話が出て気はしたが、重役たちの財産と罪の度合いは各々異なり、全員に等しく適用するというのはあるものにとっては軽く、あるものにとっては重い効果をもたらすとことが主張された。各々の人物と行いについては別々に検討されたが、冷静で厳粛に司法上の審問を行うことはなく、三十三人の今後の運命と名誉について慌ただしい会議の話題となり、無法な多数者にとっての一種の娯楽となった。そして委員会の中で最も下劣な人物が、悪意ある言葉や無記入投票等により彼の全面的な怒りや個人的な憎しみを大いにぶちまけることができた。侮辱が伴うことによって毀損はますます増大していった。そして侮辱は悪ふざけによってより苦々しいものとなった。情緒酌量として二十ポンドまたは一シリングは免除しようというふざけた動議も出た。ある一人の重役は以前他の事業にも関与していたことにより何人かの知らない人が彼らの金の損失を被ったという根拠定かでない報告によって、実際に罪を犯した者であるという証拠となった。ある人は、自分の馬が黄金を食事としてとっているという馬鹿げた話をうっかり出したばかりに身を滅ぼしたし、あるいはある別の人は傲慢な態度で育ち大蔵省のはるか上の地位の人に丁寧な返答をしなかったため身を滅ぼした。全員が不在で反論することもなく有罪判決として恣意的な罰金や資産没収の刑罰が下され、彼らの財産の大部分がかっ攫われた。

このような厚顔とも言える抑圧に対しては、議会の万能な力を持ってしてもほとんどどうすることもできない。そして南洋会社の重役たちを裁いた裁判官たちは自国の真の法律に適った代表者であるかどうかは大いに疑問が残る。ジョージ一世の第一議会は一七一五年の選挙から三年経過しており、その信用性は喪失していた。そして再選挙することなく更に一七一八年から一七二二年まで四年続いたわけだが、それは国民の総意に根拠を置くのではなく、議員たちの意志に、つまりヴェネツィアの枢機院の閉鎖ほどの大事件に比肩する七年選挙法の非常手段に基づくものである。だが、素直に言えば、この同じ議会に対してイギリス国民は全員大いに負っているものがあるのだ。実際に七年選挙法では、その起源こそは悪意によるものだったが、時間と経験と国民の同意によって是認されたのだ。法律が発令して最初にそれが適用されたことによって、ハノーヴァー家が王位につくことになり、その恒久的な影響が政府の平和と安定性を維持しているのである。そのため下院から法律の廃止をしばしば動議することがあるが、そのたびに私はこの法律を擁護する明確で良心に適った票を入れたのだ。

私の祖父も同僚と比べて寛大な刑が下されることは考えられなかった。彼はトーリー党を信奉していることと縁故を有しているために、当時の国家権力に有害人物としてみなされていた。彼の名前は不審な方法で内密に告発されている。そして彼の優秀さは世間でも知られていたので、無知や錯誤ゆえに罪を犯したという弁明もできなかった。南洋会社の重役たちに最初に訴訟手続きが行われたとき、ギボン氏は拘束された数少ない人数のうちの一人だったし、下された最終判決において彼が没収された資産の額を鑑みれば、彼の罪は極めて重かったことが見て取れる。彼が誓約した上で下院に申告した金額は、以前の財産譲渡を除いても、十万六千五百四十三ポンド五シリング六ペンスにまでのぼった。ギボン氏に対して十五万ポンドあるいは十万ポンドを酌量するような動議もあったが、このことが審議された際にもっと小さい額でいいとして採択された。そして哲学者として、九万六千ポンド以上の額が一瞬にして、そして恣意的な投票によって究極的には私から奪われ、それを償わせることができないことをため息を漏らさずに述べておかなければならない。

彼が妻に対してとっておけた資産はそんなに多くない。だが後に彼の友人と仲間であるフランスシス・アクトン氏から受け取った高価な贈り物は、名誉的な信頼関係を償うだけのものとして一家に理解された。抵抗不可能な強奪行為に対して詐欺を働きかけるのはほぼ合法である。資産の幾分かの期限前譲渡を素早く行うことで法律をうまくかわすことはできるかもしれないが、名誉の負債というものはいかに優れた法律においてでもそれを撤回させることはできない。そして誓約が頻繁に課せられることとなったから、ジェームズ二世の時代において罪に対しての意識が、より大きな範囲に向けられ、より敏感なものとなった。祖父は議会で身を滅ぼしそうになったが、彼の能力と信頼性により議会は彼を完全に屈服させることができず、新たな資産を建築した。十六年もの労働の骨折りが十分に報われ、この第二の建築も最初のものに比べても決して劣りはしないことを私は信じている。大量の金額が基金や商売において投入された。そしてカディスにあった倉庫はマドリード宮廷に提供するために契約した海軍との取引商品でいっぱいになった。だが彼はサセックス州、ハンプシャー州、バッキンガムシャー州の土地、ニュー・リバー会社の株で相当な資産があったことを思い出し、サリー州のパトニーで庭園と地所も伴った広々とした家を購入して、来客がいたら丁寧に応対しつつそこに居住した。彼の肖像画は、厳しいながらも分別のある容貌を呈している。彼の息子が彼を見かけると身が震えた。言い伝えによると、面識のない人が彼を訪問した際に、彼が怒っている時のしかめ面を見て畏敬の念を抱いたとされる。そして彼は近所の人たちの中で最も裕福で、最も賢明で、最も歳をとっているので、やがて辺り一帯の小さな王国の権威者であり暴君となった。自身の過失から、彼はハノーヴァー家と和解するに至らなかった。彼の願いは無邪気に乾杯するときの掛け声で述べられたかもしれないが、彼はあらゆる公共の信頼を失ってしまった。そして彼と一家が日常的に祈祷を捧げる際に、祈祷の対象としての国王の名前は慎重に除外されていった。私の祖父はパトニーで一七三六年一二月に七十歳で死去し、唯一の息子であるエドワードと二人の娘ヘスターとキャサリンが一家として残った。

私の父、エドワード・ギボンは、一七〇七年一〇月に生まれた。十三歳では議会の法律によって相続財産が没収されたことはほとんど体感しなかったが、彼が成人に近づいていくにつれ、新たな幸運の展望が彼の視野に入ってきた。親は自分の持っている欠点を自分の子供にも埋め込もうとするものだ。私の祖父の知識は、人が浮世で生きていくことで得られる世の理解と経験によるものだが、私の父だと学者として紳士としての教養教育からの恩恵を享受した。ウェストミンスター・スクールで、そして後にケンブリッジのエマニュエル・カレッジにおいて、彼は学問教育の一般課程を通過していった。そして彼の学習と道徳教育としては有名なウィリアム・ロー氏を家庭教師として持つことになった。だが聖者の精神というものは、この世の中を超越しているか、或いは至らないかのどちらかである。生徒が旅に出ていたとき、この家庭教師はパトニーに留まり、ギボン家全員の名誉あまりある友人と精神的な指導者としてみなされ。私の父は時折パリに住み、上流社会の仕事に就こうとした。だが、彼の海外遠征は長かったわけでも、遠いところまで行ったわけではなく、そして彼がフランス語に関して得た乏しい知識はやがて忘れ去られた。彼がブザンソンの街を通過したとき、人間関係に巻き込まれ続け、奇妙な結果となった。危篤な病にかかったギボン氏は、アクトンという名前の親族に自分から申し出てその人のところに赴いた。アクトン氏はギボン氏の弟であり、彼は薬について研究していた。看護しているギボン氏がゆっくりと回復して行くにつれて、医者自身の方は愛という病を患った。彼は自分の愛人と結婚し、自分の国籍と信仰を放棄し、ブザンソンに定住した。そして三人の息子を設け、そのうちの長男がアクトン将軍であり、二つのシチリア国の国王の最高大臣としてヨーロッパに名を馳せていた。彼の叔父は運命の別のうねりによってレッグホーンへと移住していたのだが、アクトン氏は帝国の海軍に従事していた。そしてタスカン駆逐艦を勇敢に巧みに指揮し、スペインの退却をアルジェリア人から守り抜いたのだった。

私の父がイギリスに戻ると、彼は一七三四年の総選挙でピーターズフィールドの行政区に関して議会で務めることとなった。ピーターズフィールドでは私の祖父が借地徴収権をたっぷりと有していたが、なぜかはわからぬがそれだけの貴重なものを放棄してしまった。偏見と実社会により祖父の息子はトーリー党と、或いは彼らが自称するには、土地の紳士たちと縁故を結ぶことになった。彼らと一緒に父はたくさんの票を投じ、たくさんのアルコール瓶を飲み干した。演説者や政治家としての名声を得ることなく、彼は大きな野党に熱心に入党し、七年間もの追及の後に、ロバート・ウォルポールを退陣させた。そして不人気な大臣も追及し、ついに南洋会社に関して敗訴したことにより自分の一家が被った害に対する私的な復讐を果たしたのだ。

私が生を受けることになった婚姻関係は、好みと尊敬に基づいた結婚であった。ジェームズ・ポーテン氏は、ロンドンの商売人であったが、一家とともにプトニーの橋と教会の敷地と隣接する家に住み、そこでは私は子供時代にとても幸福な時間をいっぱい過ごした。彼の息子スタニエと娘キャサリン（彼女は結婚しても名前を変えなかった）に関しては後で述べようと思う。もう一人の娘はリッチモンドのダレル氏と結婚し、彼女の二人の娘は裕福で立派な人たちであった。三人の姉妹のうち、最も器量がよく若かったのはジューディスであり、彼女が私の母であった。パトニーの社会では、二つの家族は共に友好的に暮らし、頻繁にお互いを行き来した。若い人々の親しい交際は、優しい愛情へと昇華していった。異なった性別による互いの愛情は、熱心に告白され慎ましく周りから認可された。こういった感情は、互いに対するより完全な理解により一層正当化された。私の父の相手方への誠実さは、相手が不在でも冷めたり、快楽によって崩れたりするようなことはなかった。そして彼が旅から帰還して議会に選ばれると、自分の選んだ相手と永遠に結びつくことを真剣に決意した。

近隣の住まいは互いに知ることとの最初の縁
時が過ぎれば愛が互いの心に育み婚姻の式へと栄えていくこともありえた
しかし彼らの両親たちが禁じた。だが禁じ得ぬことが一つあり
二人の心は等しく互いに魅了され恋に燃えていた
（オウィディウス『変身物語』第四巻、五九－六二ピューラモスとティスベー）

これがバビロンまたはパトニーにおける愛の物語の始まりであった。
だが現在では、二人の父親の対立はその強さや真剣さは等しいものではなかった。ポーテン氏のか細い資産や怪しげな負債もこの婚姻なら快諾されたはずであった。だが彼は名誉心が駆り立てられ、裕福で野心的な近隣者の気の進まなさに対抗意識を燃やし真似るようになった。そしていつも通りのことが続いた。辛辣な取り扱いや、穏やかな抗議、しかめ面とため息が生じていき、女性の方が引きこもり、男の方も絶望に陥った。内密な文通や密会が行われた。あ

れから四十年経った時、私の伯母であるキャサリン・ポーテンは自分の愛する妹を助けたり匿ったりした無垢な策略について喜びをもって思い起こす。そして私は父の紙束から両方の家族の手紙を見つけ出し、そこには誠実さと愛の心の息吹が戦いでくる。彼らの知人全員、パトニーの近所たち全員が二人の婚姻の願いに賛成していた。私の父性的な祖父は、結局躊躇し、渋々ながらも同意の念を出した。そして結婚式が挙げられるとすぐに、二人の男女が祖父に従い丁重に扶養するという暗黙の了解のもと、祖父の家に受け入れられた。だが私の母の魅力と能力、そしてそれに繊細な器用さを加えることによって、老いた暴君の陰鬱な気分に従って更には手懐けるようになり、数ヶ月もすれば彼女は彼のお気にいりとなった。母が身籠った時祖父が逝去したのだが、祖父が最初の子供を抱擁することができたなら、怒りによって書かれた遺書も愛情により和らげられただろう。そして自分の息子に対する怒りにより残りの二人の姉妹の遺産配当を実際より少なくし、女性に対する適当な相続額を上回って授けただろう。

私の二人の裕福な伯母のうち父方の方では、ヘスターは独身生活を貫き、一方でキャサリンの方は東インド会社の職務の指揮官であったエドワード・エリストン氏の妻となり、私の祖父が彼の遺書においてエリストン氏が自分の甥であると自称している。エリストン夫人とエリストン氏は私の記憶の限りでは両名とも私が誕生する前に逝去していた。そして彼らの唯一の娘であり相続人については適切な箇所において言及したいと思う。これら二人の女性はロー氏によりフラヴィアとミランダの名前で説明されており、キリスト教非信仰者と信仰者の姉妹であった。フラヴィアの罪は、それによって彼女の魂の救済は喪失されるわけだが、世俗的な人の目から見ればそこまで罪深いものとは思われないだろう。彼女の気質は快活で陽気であった。彼女は服装においては流行に従い、己の趣味を社交や公の注目のためのものへと向けた。しかしそのための彼女の支出は一家の経済状態から制約を被っていた。彼女は宗教上の慎ましさで振る舞い、妻や母としての義務が怠慢であったと非難されるのは不当である。

彼女の妹の神聖さについては、ミランダその人か生き写しかと思うほどに姉よりも遥かにその度合いが高かった。厳格な懺悔のもと、ヘスター・ギボン夫人は彼女の若かりし頃の過失と、権威や周囲の影響から手引きされたり駆り立てられたりした俗物的な虚栄心について償おうとするために骨を折った。だがやがて彼女は行動と豊富な資産について主導権を握り、敬虔な処女がこの世とあの世に対する好奇心によって兄の家から永遠に出て行ってしまったのだ。彼女の精神的な案内者とハチンソンという名の未亡人と一緒に、ノーサンプトンシャー州のクリフという町へと隠居した。そこで彼女は半世紀ほど住み、二人の友人を亡くしながらも、自分はその後も多くの年数生き残った。ここで私はミランダのキリスト教的な道徳性について挙げていったり、その罪を軽くしようとは思わない。というのもそれはロー氏によって説明されているからだ。彼女の慈善行為は、たとえ行き過ぎていたとしても、尊敬に値するものである。彼女の財産は（と歴史家は言う）、彼女と他の数人の貧しい人々と分けられた。そして彼女は自分の安堵のためにしか資産を所有していなかった。病を患っていたり手足が不自由であった人は、若者も年寄りも一緒くたに、彼女が第一にその慈善心を向けた。だが単なる物乞いについては喜捨を施そうとは思わなかった。だが（ここでロー氏の言葉を繰り返すが）、そういった物乞いをイカサマ師として追い払ったのではなく、彼女は彼らのことを知らなかったためであり、乞食「が」余所者であり、彼女にとって身元不明の人物だったからである。飲食を除き、彼女自身に対しては年間十ポンド以上費やしたことはなかった。もし彼女を見ることになったら、彼女の貧相な体ではあるが清潔で丁寧な身なりをしているのを見て驚くことになるだろう。彼女は単に生理的な欲求に基づいて食べて飲むだけである。そしてその禁欲性は常にあったため、毎食毎食が自己否定の営みであり、食事を自分自身に与える際は自分の肉体にどこか卑しい感覚がくるのである。彼女が唯一学んだと言えるのは聖書と、敬虔さに関する伝説話と書物に関してだけであり、それらについては絶対的な忠誠心に基づいて読んだ。彼女は毎日五回祈祷した。ロー氏の著作『真剣な召使い』によると歌唱することは奉仕の営みとして不可欠なものであり、感謝祭の日には賛美歌や聖歌を暗唱し、そして今なら彼女は、もしかしたら聖人や天使たちと一緒に合唱できるかもしれない。以上が神にミランダと呼ばれ、人間たちからヘスター・ギボン夫人と呼ばれた聖なる乙女の全体像と人生である。精神的な生活における苦しみと喜びについて私が言及するのは場違いというものであろう。だが私としては彼女の運命は、決して不幸なものではなかったと信じたい。彼女の贖罪は自発的なものであり、そして彼女自身の目には立派なものであった。彼女の実生活上の時間は規則的な職務に追われていた。そして年老いたメイドという卑しい身分とみなされる代わりに、彼女の周りには彼女の助けを必要とする貧しい者やみすぼらしい者が多数いて、彼女の恩恵を懇願したり、彼女の教えを受けたりした。この回想録の執筆において、ある聖人との個人的な交際について忘れずに紹介しておきたい。

年代がさらに進み、一七六一年頃に、ロー氏は家で逝去した。彼の愛するミランダの腕で、とはあえて言わない。我々の一家において彼は優れた信心深い男としての評判を残したまま去り、彼が主張したこと全ては彼自身もそう信じていて、更に強く説いたことからも、彼自身もまたそれを実行に移したと信じられていた。彼は死ぬ間際まで臣従宣誓拒否者の性分であったが、それは教会や国家における彼の信条が本物だというのを十分に証拠づけるものであり、利益よりも己の良心に基づき身を捧げたのは常に尊敬に値するものである。彼の神学的な著作は家系的な繋がりによって私が興味を抱き調べていったのだが、人生の不完全さに関して述べられており、著者の優れた点に関してより多くの知識と確信を以て述べあげることができる。彼の最後の著作は、ヤコブ・ベーメ[3]の首尾一貫しない解釈を用いつつどこか脅かすような論調で述べられていて、更に劇の娯楽が完全に非合法であることについての彼の対話は、感情と言語の滑稽な放縦ぶりとして時折引用されることがある。俳優と観衆は皆、裁かれるべきである。劇場というのは地獄への入り口であり、そこには悪魔が住まい、その悪魔の邪悪な魂が蠢く穢らわしい宮廷を管理している。劇を行うのは悪魔の凱旋である。つまり悪魔の栄光のために行われる生贄の儀式であり、あたかもバッカスやヴィーナスの異教徒たちが集う寺院であるかのようである、等々。だがこういう風に宗教的な熱狂によって啖呵を切ったことも、ウィリアム・ロー氏が機知に富んでいて優れた学者であったという賞賛を撤回させてしまうものではない。これほどは馬鹿げていない題目に関する彼の主張は鋭くもっともらしさがあり、彼の作風も生き生きとしていて、文体も力強く明晰である。そして彼の強靭な精神が熱狂によって曇らされられることがなかったならば、当時の最も快適で独創的な作家としてみなされていたかもしれない。バンガー論争が世間で話題になっていた際には、彼はキリスト教王国と聖書者の権威という題目において論争に加わった。主の聖餐の秘蹟の平易な記述を批判した彼は、ホイッグ党からは偶像化されトーリー党からは蛇蝎の如く嫌われていたホードリー主教と諍いをし、あらゆる攻防において宣誓拒否者は共通の土俵にいるにも拘らず高位な相手と引けを取ることは決してなかった。「蜂の寓話」が出回った際は、彼は個人の悪が社会の益をもたらすという不道徳な教説に対して異議を訴えたのであり、それゆえに宗教だけでなく道徳的な観点からも賞賛に値するのだ。

　ロー氏の最高傑作とされる『真剣な召使い』は、今なお信仰に関して人気のある力強い本として読まれている。彼の説く教えは厳格であるが、福音書にその基礎を有しているものである。彼の風刺表現は辛辣であるが、それは実際の人間生活から引き出されているものである。そして彼の人物描写における力量は、ラ・ブリュイエール[4]のそれにも決して劣らない。彼は読書の心に一条の信仰心を見出しさえすれば、その光を焔として燃えさせる。そしてキリスト教における信仰と実践の奇妙な矛盾を、彼の厳格さとそれに見合うその真実を暴き出したその功績は、哲学者でさえも認めることだろう。地獄の業火と永遠の呪詛はこの書物の全てのページに撒き散らされていて、神の愛を最も熱狂的に教え説く熱狂家がその愛すべき属性を徹底的に迫害するその様は、たしかに奇妙なものとして映るだろう。

第二章　少年期――ウェストミンスター・スクール

私は、父が最初の妻であるジュディス・ポーテンと結婚して一年以内に、一七三七年の旧暦四月二七日、新暦だと五月八日にサリー州パトニーで生まれた。私は出生に基づき長子相続の権利を享受したわけだが、私の後に五人の弟と一人の妹が生まれた。だが彼らは皆、幼児期に死去してしまった。彼らはあまりに早く亡くなり、彼らが亡くなった際私自身も若かったため、その重要性を感じたり慮ったりすることができず、その後の不測の事態を待たなければならなかった。我々のイギリス法によって遺産の配当は次男以下には減額されることとしていたが、それでも私の相続遺産が圧迫されるのに十分であったかもしれない。そして彼らの兄弟愛の埋め合わせとしては、性格や振る舞いという不確かな要素や、お互いの感情の親和性または反目に依存したに違いない。私の五人の弟については（パトニー教区の名簿に彼らの名前が記載されているかもしれない）、嘆いたりしようとは思わないが、だが子供時代から今に至るまで私は自分の妹については、とても残念に思っている。彼女の人生は他の弟に比べればまだ多少は生き延び、可愛らしい幼い姿を今でも思い出す。兄と妹という関係は、特に彼らが独身であった場合、私にとって非常に奇妙な性質として映る。それは自分と同じ年頃の女性との親しく優しい友情関係である。恐らくその友愛は、性別からくる無意識的な影響により度合いが薄まりはするものの、一方で性欲的な欲求が少しも混ざってはいない純粋なものであり、危険性がなく真実性のこもったプラトニックな愛を唯一体現したものであろう。

私の両親は長男である私を出産する四ヶ月前に、隷属状態から解放され相当な量の資産を相続したが、それは私の父の目には追従と希望によって拡大されて映った。マドリード宮廷との海事契約から得られる見込みだったスペイン金貨は、祖父の死去から三年後に翳りを見せた。イギリスの商人に対する安全性の確保を国家が誓約していたはずなのに、イギリスとスペインが初めて敵対関係になった時、彼らの動産は一七四〇年に取り押さえられた。平和の回復後（一七四八年と一七六三年）、契約者またはその代理人が自分の資産の返還を、多額の損害賠償と利子の請求も加えつつ、要求した。だがカトリックの国王は皆、前代の国王の契約に拘束されないとしたので、無力な異邦人は大臣から裁判所へ、裁判所からまた大臣へとたらい回しにされ、そうこうするうちに昔の負債は忘却と絶望の中へと溶け去っていった。こういった損失は決してあらかじめ予測したり、注意を払ったりして回避することはできなかった。だが実業における手腕や技術は父から息子へと受け継がれることはなく、商人の手には利益をもたらすような企ても、紳士である息子にとっては不毛であったり逆効果をもたらすものとなった。

一七四一年の総選挙においてギボン氏とデルメ氏はダマー氏とヘンリー氏、あるいはのちに大法官となるノージントン伯爵と争い、出費を重ねつつ勝利を収めたのだった。ホイッグの立候補者たちは在住の投票を多数押さえていたが、自治体ではトーリー党を頑固に支持していた。そして突如現れた百七十人ほどの自由民が均衡を崩した。彼らと政治的に友好関係にある者を助けるという大義でイギリスの各地から駆けつけたかなりの志願者の供給もたちまちのうちに確保されていった。

新しい議会は、強い非難の声と奇妙な連合で強化された野党の勝利で開会した。サー・ロバート・ウォルポールは最初の投票結果から、自分が下院で多数は先導することはできないと考え、二十一年の治世の権力の笏を一七四二年に賢明に譲り渡した。だが不人気な総理大臣が職を辞めたことは、世間が大いに期待していたような幸福と徳に満ちた千年王国が開かれることにはつながらなかった。数人の廷臣は己の地位を失い、愛国者の幾人かは自身の特色を失ったので、オックスフォード卿の犯罪は彼の権力とともに消滅し、短期間の議会の激震ののちにペラム内閣がホイッグ貴族制の古い地盤に確立した。一七四五年になると王位と国制が反乱によって攻撃されたが、王位僭称者のイギリス内の味方は彼を支持して駆けつけるような勇気は持たず、一方で彼の敵たち（つまり一般大衆）が王国の中枢部へと彼が進撃することを許したのは、国民の精神にとってはあまり栄誉あるものとは言えなかった。私の父は反乱者たちを応援する勇気も望みもなかったので、野党であるトーリー党の方を変わらず支持し続けた。彼はこの最も重要な時期に、党への奉仕としてロンドン市の参事会員の職務を引き受けたが、その職務は彼の嗜好と習慣に強く反するものであったため、数ヶ月したらすぐに会員用のガウンを脱ぎ捨ててしまった。彼が在任した第二の議会では任期よりも前に一七四七年に解散し、サウサンプトンでもう一度選挙に挑む意思もなく、そもそもできなかったので、彼の議員としての生命はこの解散によって終わった。

私の父には自宅では愛すべき慈悲深い妻という計り知れぬ宝と一緒にいて、十二年もの結婚生活の間に変わらずに彼の愛情と尊敬としての対象だった。私の母の肖像画は彼女の生前持っていた美貌を幾分か伝えているし、彼女の振る舞いの優雅さはのちに残った友人たちによって証言された。そして私の伯母ポーテンも彼女の愛すべき妹についての能力と徳について何時間も喋り続けることができた。家庭生活こそが母が望んだものであり、そしてそれこそが幸福だったが、独立独歩な夫の情熱を華奢な手綱で制御しようとしては失敗した。世界は彼の眼前に開けていた。彼の精神は活発と動いていて、その格好は華やかで、顔つきは陽気で振る舞いは丁寧だった。彼は最上階級の社交界を優雅に歩き回り、そして私は彼が野党の党員の中で唯一、国内第一の由緒正しき名前すらも拒絶されることがしばしばあるホワイト家のオールド・クラブの会員であったことを自慢気に語るのを聞いたことがある。だが彼の好ましい融通さは、あらゆる階級の人物と容易くほとんど頓着なく適合させることができた。貴族から農民、市民から狐の狩人という具合に打ち解けられ、その結果ギボン氏はその才分として尊敬されることはなかったが、交際仲間としては愛され、人として尊敬された。だが彼の喜びと幸福を、そしてああ、彼の財産を追求していく過程で、それらが次第に崩れていった。経済観念よりも当時の流行を優先するようになり、その際の支出は彼の収入では不十分だった。ロンドン近郊にあるパトニーの邸宅は、接待用としての娯楽場という危険な評判がつくようになった。ギャンブルに対するさらに危険な誘惑に彼は無害ではいられなかった。そして多額の金額がこの底のない穴へと放り込まれていった。怠慢という重荷を支えるだけの十分な力を持った精神は少なく、彼があのまま商売職務に専心したら父はもっと幸福で、息子である私ももっと裕福な人間になっていたことであろう。

私はこれらの私的で公的な情景と私自身の人生の最初の数年間については、私の記憶に基づくのではなく、聞いた情報に基づいている。確かに我々の空想は、生まれてからすぐに肉体と知性の機能が成熟した活力を持っている完全なるアダムの姿を想像して描写することはできるかもしれない。

最も深い睡眠から新たに目覚めて
私は花いっぱいの草の上でそっと横たわっている自分を見つける
芳しい汗をかいていたが、汗の筋跡を太陽がやがて乾かし
嫌な匂いの湿気も無くなりました
驚き彷徨っている私の目は真っ直ぐに天を見上げて

広い空をしばらくの間見つめていた
そして本能的な素早い動作で私は起き上がって
まるでそこに昇っていこうという具合だった
そして真っ直ぐに両足で大地の上に立った。
辺りを見渡すと山や谷や翳った森や眩い平原
そしてそよそよと流れる川があった。
そこらで生き物が生きて動いていて
歩いたり飛翔したりしていた
枝に止まっている鳥たちが囀っていて、あらゆるものは微笑んでいた
爽やかな香りが漂う中で私の心は喜びでいっぱいだった
自分の肉体を手探りし、手足を眺めた
活気あふれる状態でしなやかな関節を動かしながら歩いては走り
だが私が誰か、ここはどこか、どうしてここにいるのか、全くわからなかった
話そうと努めると、すぐに声が出た
舌は思いのままに動き、見たもの全てにどんどん名前をつけていった
（ミルトン『失楽園』）

詩人が彼の像に息を吹き込んだのはこういう具合である。だが神学者は知識や言語という奇跡的な才分をさらにそれに加えるかもしれないし、哲学者なら人間の新たな感覚を次第に行使できるようになるにはもっと時間が必要だとするかもしれない。だがアダムの意識と記憶が彼の生誕から規則的に発達していくのには皆同意してくれることだろう。だが人間の性質の起源と発展は実際はこれと遥かに異なったもので、私自身に関しては人類全体の共通な歴史を適用して語っていきたい。世間の礼節と無知は、生殖行為の秘密にヴェールを被せるが、私が九ヶ月もの間液状の中で浮かんだあとに苦しみながらも世界の生きた空気に押し出されたことを言及しておこう。新生児においては「彼思う、故に彼あり」と断定することは不可能であり、せいぜい「彼苦しむ、故に彼感じる」程度でしかない。だが存在がこのように不完全な状態にある際は、私はまだ自分自身と世界について意識が持てず、視覚の力がない状態で目が開き、さらにビュフォン氏[5]の言葉を借りれば合理的精神、あの神秘で理解できぬエネルギーが誕生してから四十日経過するまでその存在が顕になることはなかった。最初の一年目は、動物の種族の大部分よりもさら下位に属する位置にあって、自分で自分を世話しないといけなかったら間違いなく私は滅んだだろう。三年経ってようやく我々の特権とも言える直立して動く能力や、連関したあるいは異なった音を捉え知的に活用するという能力を得た。肉体の成長は遅い。そして精神に関してはもっと遅い。七歳の時でも私は、成人男性の強さと恰幅の半分にも達しなかったし、そして精神能力が同じ程度の正確さで測れるのなら、その弱さはさらに相当なものだっただろう。理解力は、行使することによって過去と現在を混ぜ合わせる。だが若い頃の繊維はとても繊細で、細胞もあまりに小さいから、最初に抱いた印象も新たに抱いた印象によってかき消される。そして当時私に最も強い影響を与えた人や対象を思い起こそうと努力してもなかなかうまくいかない。だが私の教育に関する局所的な光景は、今でもまざまざと思い浮かぶ。私が三歳か四歳であっただろうときのサウサンプトンの議席を目指す父の選挙戦と、私が鞭打たれた時に選挙戦における父の敵対者の名前を叫ぶことで子供っぽい復讐を行ったことは、私が覚えている中でも最初のものである。だがこう信じているのも結局は思い違いかもしれず、私がもっと成長してから聞いた話を単に繰り返しているだけかもしれない。この世に生を受けてから十年か十二年までの期間の全てにおける我々の痛覚や喜び、行動や企ては現在の我々の存在様式とは繋がりが薄いので、正しく自分の人生を把握しようと思ったら、成熟期から我々の人生について勘案するべきであろう。

親に先立ち新生児が死去するのは不自然に思えるかもしれないが、厳密には十分にありうる出来事である。過半数の新生児は九歳に達するまでにこの世から消滅し、精神や肉体の機能を所有するには至らないのだ。私は神のこのような不完全な創造作業とそれによる多くの無駄についてては非難するつもりはないが、だがこのような好ましくない運命が複数回にわたって私の幼児期に訪れたことは述べておきたい。私の体格はとても弱く、生命力も今にも消えゆくものであったので、私の弟たちが洗礼を受ける度ごとに私の父は慎重に私の洗礼名であるエドワードを何度も口ずさみ、万が一長男がこの世を去ることがあったとしてもこの先祖から授けられた姓の呼称が一家の家系に後世に残されるように配慮した。

一人いない時でも他の一人の用意あり（ウェルギリウス『アエネーイス』）

このような虚弱極まりない存在を保護し養育しようと思ったら、どんな入念な看護も決して十分ではなく、母の私への注意も彼女の頻繁な妊娠や、父への格別な情念、父の嗜好や権威によって社交へと駆り立てられたことによって幾分か逸らされていた。だが母性的な看護は私の伯母であるキャサリン・ポーテンによって行われ、その名前を今でも聞けば感謝の涙が私の頬を滴り落ちるのを感じる。彼女は独身だったので愛情を注ぐ対象がなかったのを、自分の妹の息子へと移したわけである。私の虚弱性が彼女の同情の念を呼び起こした。彼女の愛情は私への看護の労働とその成功によってより強いものとなり、そして私が今日まで生きているのを喜ぶ人が何人かいれば（そう信じているが）、あの愛すべき立派な女性に対してその人たちは大いに負っているところがあるのだ。彼女は心配にみちた孤独な日々を、さまざまな安堵と楽しみをもたらすために辛抱強い試練に費やしていった。彼女は私の側に座り、各々の一時間一時間が私の最期の時になりはしないかと震えながら眠れぬ夜を多数過ごした。私の哀れな伯母は私に涙で咽びながら自分の乳が出なくなったことにより私が餓死しそうになったこと、今では他の人間と同じような骨格ながらも私の脆い骨格が曲がって歪んだ状態が一生続いたらどうしようとどれほど不安だったかを語ってくれたのだ。

天然痘という非常に危険な病気からは、つい最近にイギリスに導入された種痘の処置によって間違いなく救われた。当時はまだ医学的、宗教的見地、さらには政治的な偏見により反対されていたが、この種痘が予防措置として作用するのは天然痘に対してだけであった。私は種痘を受けてから連続して昏睡や発熱に苦しめられ、消耗性や水腫性疾患の相反する傾向、さらには紫雲系の収縮や目の瘻、さらには狂犬病の疑いが強い犬からの咬み傷を患った。このようにして私が誕生してから幼年期に至るまでにかかった身体の病気の一覧表を作る場合、ほとんどの病気がそこに記載されることになる。サー・ハンス・スローンやミード博士からウォードやシュヴァリエ・テーラーなどあらゆる開業医が私の治療のために呼ばれた。医者への支払いは、薬剤や手術の費用によって膨れ上がった。私は食事よりも薬を多く飲み込んだこともあって、私の身体には今も、ランセット、切開手術、焼灼剤の消えない痕跡が残っている。私の少年期の思い出は多様で頻繁に起きる病気によって暗いものとなっている。そして私としてこの忌まわしい話題について詳しく述べていこうとは思わない。私は自分の回想録の執筆において一巻の半分を彼自身が受けた医学的な診断で埋めたクィリーニ枢機卿の失態を真似ようとは思わないし、自分の患っている病の全ての症状と彼の神経や胃腸に対する各々の薬の効果をいちいち明るみに出したモンテーニュの赤裸々な素直さもまた真似ようとは思わない。だが私の人生の初期の段階において私の健康への気遣いのために私の精神に対する気遣いはあまりに頻繁に省みられなかったことを考察するのは決して無益なことではあるまい。同情は常に教師の甘やかしや生徒の怠慢に対する言い訳を思いつかせるものであり、私の受ける一連の教育は学校教室から病院のベッドへと呼ばれるたびに中断されていった。

言語の使用によって知識を吸収するための私の幼い理性の用意が整うと、私は読み書きと初等算術の技術が教え込まれた。それは今からするとあまりにも遠い昔の出来事で、私自身の記憶も曖昧なので、類似物によって私の誤謬が是正されなければ私はそれらを生得的なものだと勘違いしたことだろう。幸運にも私が住まいを置いている発達した社会では、こういった読み書き等の能力はあまりに普遍的になっているので、学者や紳士の高等能力としてはみなされていない。読み書きの能力は抽象的な観点からだとその獲得に天才的な労力が必要とみなされるに違いない。手の敏捷でほとんど自発的な動きによってはっきりと聞こえる音をはっきりとした符号へと変形させる。そしてはっきりとした符号を自発的で素早く発する音声によってはっきりとした音声へと変える。だがこういった困難に見える作業も、全ての人に教示されれば学び獲得していくだろうし、最も虚弱な年齢の最も狭小な能力の人もこの獲得課題をこなすのに決して不十分ではないことは経験から知っている。だがこれらの似たような行為にも、重大な違いがある。片方が精神的な知性と関連しているのに対して、もう片方は手先の器用さと関連しているということだ。卓越した読書というのは、もし発声器官が正常に機能するならば、的確な拍子、口調、そして中間休止がしっかりと伴っているもので、それらは読む当人の知識と嗜好と感情と正比例するものである。その一方で無学な書記も対象の文章を正確に優雅に書き写すことができるのである。哲学者や詩人の書く意味合いや文体は常に乱雑で不規則な書体でぎこちなく走り書きされるのが常であり、著者自身がしばらくして見直してみるとそれらを解読するのができないときたものだ。私自身の書き方は、美文よりも読みやすさを目指したものであり、つまり両者の中間に位置づけされる。だが私の加齢や長年の習慣によって、本来それらは怠慢を生み出すのだが、私の場合書き方が退化するどころかさらに発展していった。我々の初等教育における第三の要素である数の知識に関しては、人間の理解力の度合いを測るのに最も適切な尺度であると評価されてもいいだろう。子供または農夫も算術の最初の四つの規則を容易に確実に学習できるのに対して、代数学の深遠な神秘はニュートンやベルヌーイ[6]の弟子たちのために保留されている。私の子供時代では何桁かある二つ数字を暗算によって掛けたり割ったりできるのが得意であったことで褒められていて、その賞賛が私の発展しつつあった才能をさらに促進させた。そのため私がこの分野においての勉強に身を進めていったら、数学の学問の世界で幾分かの名声を獲得したかもしれない。

自宅やパトニーの学校での予備教育が終わると、七歳になっていた（一七四四年四月）。私はジョン・カークビ氏の元に十八ヶ月ほどうつされた。私が以下に書き記していく彼の言葉は、彼への憐憫と尊敬の念を醸し出すだろう。

私の故郷であるカンバーランド州に極貧の司祭として住んでいた頃、私は夏の快適な季節に誘われるままに、私の住んでいた町から三キロ強ほどある海岸へと孤独に歩いていった。そこで私は周囲の見渡す限り広がる光景を見たり、或いは（もっと私の視線を近い方へと向けて）浜辺へと打ち上げられた多彩な美しい貝殻に感嘆してその中でも最も美しいものを選んで家にいる子供たちに持ち帰ってみせたりして楽しんでいた。私はある時いつものようにこのような遠出をし、浜辺の下り坂に腰を下ろした。そして海の方へと顔を向け、波が私の足元から数メートルほどに迫っていた。そうしていると私の一家の悲惨な状況と、そこから抜け出すためのあらゆる努力の失敗が私の頭にどっと入り込んできて、それは私を深い憂鬱にさせ、今度もまた涙が私の目から思わず流れてしまったのだ。

苦難によって彼はついに故郷を去らざるを得なかった。自身の学識と徳性が彼を私の父と引き合わせ、パトニーではもし彼が迂闊な失態を犯して再び世間から追い出されるようなことがなかったら、少なくともそこで一時的にせよ避難所を見出したかもしれなかった。ある日、教区の教会で祈祷を読み上げている時に不運にも彼はジョージ国王の名前を読み上げるのを忘れてしまった。国王に忠実な臣民は仕方なしに多少の手当を与えつつ、その職を解いた。そしてこの哀れな人間がその後どうなってその生涯を終えたかについては、私はついぞ知ることはなかった。

ジョン・カークビ氏は『アウトマテス（独学者）の生涯』（ロンドン、一七四五年）と『英語とラテン語の文法』（ロンドン、一七四六年）の小さな二巻の著者であり、これを感謝の印として私の父に献呈した（一七四五年一一月五日）。これら二冊の本は私の目の前にあって、これらから生徒は教師の評価について判断しても良かろうが、総じてその評価は決して好ましくないものではない。『文法』の方は的確さと巧みさによってうまくまとめられていて、我々の言語に関する文法書で当時これを凌ぐものを私は知らない。だが『アウトマテス（独学者）の生活』は哲学物語としての名誉を狙ったものである。それはある若者の物語であり、彼は亡命者の息子で無人島に難破し、そこに幼児期から大人になるまで過ごすのを描いている。牝鹿が彼の乳母であり、小屋とたくさんの役立ち興味深い道具を相続する。彼の所有している観念は彼が最初の二歳に受けた教育からきて、近くにある池のビーバーからいくつかの技術を借用して、いくつかの真理が超自然的な幻影によって掲示される。これらの助けと彼自身の努力により、アウトマテスは独学の、一方で寡黙な哲学者となり、彼は自分自身の頭を用いることによって、自然の世界、抽象的な知識、そして道徳と宗教の大原理について探求し成功する。この作品における作者の独創性を賞賛するのは適切とは言えない。というのも作者は英国文学の『ロビンソン・クルーソー』とおそらくポコックのラテン語訳で読んだであろうハイ・イブン・ヨクダンのアラビア伝奇物語と混ぜただけだろうからである。『アウトマテス』において は著者の思想の深さや文体の卓越さについて褒めることはできないが、娯楽や教訓は決してこの作品において欠けていない。そしていくつかの興味深い部分としては、私は火を発明した部分、つまりいたずらの偶然によって良心を発見する場面を選びたい。言語と教育の題目に関してここまで思考を巡らせた人は決して平凡な教師ではない。当時の私の年齢の幼さと彼の急な離任が彼の教えをたっぷりと学び尽くすという恩恵を得ることを妨げた。だがそれでも彼の教えで私の数学の知識は拡大し、英語とラテン語の基礎の明瞭な印象が残された。

私が九歳の時（一七四六年一月）、比較的健康だった中休み的な時期に父は英国の教育として便宜的で慣習に沿った方法を採用し、ウッドソン博士と彼の助手たちが経営する約七十人の少年がいるキングストン・アポン・テムズの小学校に送られた。それ以来私がパトニー・コモンを通過するたびに、私の伯母が私と一緒に馬車に乗りながら、これから私が世界へと入っていき自分で考え自分で行動することを学ばなければならないことを教え諭した箇所へと目をやってしまう。この表現は滑稽に響くかもしれないが、贅沢で自由闊達な雰囲気の裕福な家から学校の粗末な食事と学校への従属へ、また両親の優しさや給侍の従順さから自分の同期の粗野な馴れ馴れしさや横柄で暴君的な先輩や残酷で気まぐれな教師が振るう鞭への環境へと移されること以上の人生における大きな変化は他にない。この種の苦難は運命の打撃に対して精神や肉体を無感覚にさせるかもしれないが、私の臆病な内気さは学校の大勢の生徒の喧騒によってすっかり怖気付いてしまった。運動場で要求される体力や活力は私を締め出した。さらに言うと一七四六年の時にトーリー党の先祖たちの罪によって罵られたり殴られたりしたことも忘れられない。

私は通常の教程の方法に基づき、多くの涙と多少の血を流す代償によって私はラテン語構文の知識を獲得し、そして間もなくパエドルス[7]とコルネリウス・ネポス[8]の汚い教科書を手にしてそれらを一生懸命読み解いて、なんとか漠然ながら理解していった。これらの作家を選んだのは決して無分別によってではない。アティクスやキケロー[9]の友人であったコルネリウス・ネポスの『英雄伝』は最も純粋な時代の文体によって書かれているものである。彼の簡潔性は上品であり、短い評語は含蓄深い。彼は人やその振る舞いの一連を読み手に提示する。その描写は、学者気取りにはとても書けないものであり、この古典的な伝記作家は若い生徒をギリシア・ローマの時代へと案内するのに格好のものと言えるだろう。寓話や教訓話の活用は、古代インドから現代ヨーロッパまでのあらゆる時代に認められているものであり、それは道徳と世渡りの真実性をわかりやすいイメージで読み手に伝えるものだ。故に最も未熟な理解力（ルソーの疑問を念頭においている）の持ち主でも、よもや獣が話したり、大人が嘘をついて良いと想像することは絶対にない。寓話は動物の真実の性格を描き出し、卓越した教師であれば大プリニウスやビュフォンから博物学において子供たちの好みや能力によく適合した楽しい教訓を引き出し伝えることができるだろう。パエドルスのラテン語は白銀時代の混ぜ合わせが完全に省かれてはいないが、彼の文体は簡潔であり、飾らず、示唆に富んでいる。このトラキアの奴隷は自由民の精神を控えめながらも吐き出しており、文章が理に叶っている時はその文体は鋭さを見せる。だが彼の寓話は、長く忘れ去られた後に状態の悪い写本からピエール・ピトゥによって初めて発刊されたが、それに携わった五十人の編集者は原典の価値と同様に写本の欠陥についても暴露している。そのためベントリも復元できずブルマンも判読できなかった文章を誤訳したとして小学生が鞭打たれることがあるかもしれない。

　私の勉強は病気によって頻繁に中断された。そしてキングストンの学校に実際にあるいは名目的に二年間滞在したのちに、私は母の死によって最終的に（一七四七年一一月）退学した。母の死は彼女が三十八歳の時のことで、最後の出産を原因としている。私が母性的な優しさを持つ微笑みを享受したことは滅多になかったので、彼女は私の愛する対象というより、尊敬の対象であった。そして自然と涙は出たものの、しばらくしたら乾いた。私が喪失したものについて感じるには当時あまりにも幼すぎたのだ。そして彼女の人物像と交わした会話は私の記憶にかすかに刻印されているに過ぎない。私の伯母キャサリン・ポーテンの愛情に満ちた心は自分の妹と友人の死を嘆き、だが私の哀れな父に関しては筆舌に尽くし難いものがあった。あまりに悲しみが極度だった故に、彼の生命と理性が脅かされた。私は母の死後数週間経った後に初めて父と会った時のことを決して忘れない。恐ろしいほどの静寂、黒幕に張り巡らされた部屋、昼間の小蝋燭の光、彼の溜息と涙。彼の母を天上の聖人と仰ぐ賞賛、母の記憶を慈しんで彼女の徳を身につけろという私への厳粛な勧告。そして夫婦の愛の唯一の形見である私を接吻し祝福する彼の熱意。怒涛の如き情念はやがて平静な憂鬱へと宥められたが、彼は礼儀と慣習から定められていた期間を大きく越えて喪に服した。彼の状況は当時パトニーに居住していて父とその一家が非常に親密な関係性を持ったマレット氏が書き記している。『婚礼の日』という楽しい小品においてキューピッドとヒューメンが詩人の結婚式の九年目の記念日（一七五〇年一〇月二日）の祝いに数人の友人を招待するという役目を引き受けた。キューピッドはロンドンに向かうため東へと飛んだ。

彼の弟もまた控えめな嬉しさで同じ目的の下、西へと向かった
最初の妻を亡くしてから三年もの間泣き続け
長い喪に服している物憂げな愛人
以前は束ねた糸杉で燃えていた燭台を
全部逆さにしたまま
いまだに葬列を従えている隣人にお願いした
少なくとも今日一日だけは

この夫婦のための、この宴において
黒い喪服を脱ぎ捨てて
昔の陽気な顔つきと幸せな雰囲気を纏ってくれ、と

友人たちと陽気な交わりをしているとき、ギボン氏は微かな楽しみを装ったか味わったかもしれないが、彼の幸福への計画はもはや永遠に破壊され、彼の伴侶を失った後ではこの世の仕事や喜びがもはや彼にとって退屈で無味なものとなり、ひとりぼっちで取り残された。彼は何度か挑戦したがそれらの不成功を味わったのちに、ロンドンの喧騒とパトニーの歓待を放棄して、ベリトンの田舎のというより質素な孤独の中に身を埋没させ、その後の数年間は滅多に公に身を現すことはなかった。しかしこの悲嘆でいっぱいの男やもめがこのような隠遁をするに至った理由として、彼の身の上の問題が次第に大きくなっていたということは隠されるべきではない。彼の財産はすり減っていき、負債は増加していき、彼の息子がまだ未成年であったため、彼は自分の資産を限嗣相続の法的な束縛から解放することができなかった。仮に私の母が在命であったとしても、結局彼は地方へと戻らなければならず、その場合は実際よりは気楽であっただろうが、それでも敬虔とも利害の関わらないとも言えぬ動機で引っ込まなければならなかった。

更に私が一言つけ加えるとすれば、彼の気質に常に付き纏っていた隠れた矛盾がこの流行好きな男をハンプシャーの農民としての性格と職業で隠すように駆り立てたのかもしれない。

記憶を辿れる限りだと、パトニーの橋と墓地の近くにあった私の母の方の祖父の家こそが、私の本来の生家だと思い起こされる。学校の休暇と両親のロンドン滞在中と最終的には母の死後、当時の私の時間は、健康にせよ病気にせよ、そこで最も多く過ごされた。母の死の三ヶ月後、一七四八年の春に母の父であるジェームズ・ポーテン氏の商売的な破産が決定され布告された。すると彼は知らぬ間に失踪した。だが彼の動産は売却されないまま残り、また家もクリスマスまでは明け渡されなかったために、私は一年間の間中ずっと、伯母の差し迫っている運命にはあまり意識せずに彼女との同居生活を楽しむことができた。私はこの卓越した女性キャサリン・ポーテンという私の健康と精神の真の母に対して負っている恩義を思い起こしては憂鬱な喜びを感じる。彼女の先天的な良識は英語で書かれた最も優れた本の読書によって磨きかけられた。そして彼女の理性が時には偏見によって曇らされたこともあるにせよ、彼女の感情が偽善または見せかけによって装われることは一度もなかった。彼女の献身的な優しさ、彼女の素直な気質、そして私の先天的な好奇心が膨らんでいき我々二人にあった距離感はすぐになくなった。同じ年齢の友人として、お互いにあらゆる話題について、それが日常的なものだろうと抽象的・難解なものだろうと、自由に会話した。そして私の若き考えが述べられていくのを彼女は喜びと報酬として観察した。病による痛覚や気だるさも彼女の教訓的で楽しい話声を聞いていると和らいだ。そして彼女の教えに富んだ教訓が、私の読書に対する早期の揺るがぬ愛を育み、それを私は決してインドの宝とも取り替えたりはしない。

カトリーヌ・ラ・モット夫人の作品である『デュグラ伯イポリトの物語』に描写されている風の洞穴や至福の宮殿、時間の小僧に追跡されたアドルフ王子が何枚も翼を折ってしまい、三ヶ月かあるいは三世紀後に最終的に追いつかれる瞬間等々、あの馴染み深い物語がいつ私の心に深く刻印されたかを明らかにできれば私はさぞかし驚くことだろう。私がキングストン学校を去る前に、私はアレキサンダー・ポープ訳のホメロスの作品やアラビアンナイトの物語、人間描写と尤もらしい奇跡の描写の展開が常に人間を楽しませる二作品と出合った。ポープの詩のその詩的な調音が私の耳にぴったりと和合した。ヘクトールの死やオデュッセウスの難破の場面を目にすると、私は恐怖と憐憫の新たな感情が喚起され、トリヤ戦争の英雄たちの美徳と悪徳について私の伯母と真剣に議論した。ポープ訳のホメロスからドライデン訳のウェルギリウスへと移っていくのは簡単なことだった。だがなぜかはわからないが、おそらく作家、翻訳家あるいは読み手の私のせいかもだが、敬虔なアエネーイスの姿が私の想像力には強く働きかけず、むしろオウィディウスの『変身物語』の方により多くの喜びを引き出し、特にパエトンの堕落やアイアスとオデュセウスの演説に大きな喜びを見出した。私の祖父の失踪によりそこそこの規模の書庫へと入ることができるようになり、私は詩やロマンス、歴史や紀伝の英語の本のページを多数めくった。本の題名が私の目を引けば、恐れることも遠慮することもなく私はその巻を本棚から取り出し、そして道徳的・宗教的な思弁に耽るのが好きなポーテンは、平均的な少年における好奇心の度合いを上回るのを心に持つのを、抑制するよりも奨励した。一七四八年であるこの年を、当時私は十二歳であったが、自分の知性的な意味での背丈が最も顕著に伸びた記念の年として書き記しておこう。

債権者に支払うべき金銭の精算後に残った私の祖父の財産はなんとか祖父自身が生きていくのに必要な年金をもたらした。そして彼の娘、つまり私にとって大事な伯母は、すでに四十代に入っていたのに無一文で世間に放り出されたのだった。彼女にはもっと裕福で頼れる親類はいたのだが、彼女の高貴な精神は借りを作ったり依存したりするのをよしとしなかった。いくつかの計画を企てた後に、ウェストミンスター・スクールの生徒の学寮の経営という質素に生計を立てることを選び、自分の老後のための資金を勤勉に努めながら稼いだ。私の父はこの私的な教育と公的な教育のメリットの混淆という珍しい機会をみて決心を固めた。クリスマス休暇の後の一七四九年の一月に、私は伯母のポーテンについて行って彼女の新しい住処のあるカレッジ通りに行き、その場ですぐにジョン・ニコル博士が当時校長だった学校に入学することとなった。最初私はその新しい住処では一人ぼっちだったが、私の伯母の決意は賞賛され彼女の性格は尊敬されていたので、彼女が持っていた多くの友人たちが活発な活動をすることにより、伯母は数年後ほとんどが裕福な家庭の子供である四十、五十人の少年たちの寮母となった。そして彼女の最初の家がどんどん狭くなっていったので、ディーンズ・ヤードに広々とした家を建ててそこに移り住んだ。

イギリスのパブリック・スクールが、これまで卓越した人物たちを多く輩出してきたのは英国人の天性や性格に最もそれが適しているからだ、という一般世論については私も喜んで賛成したい。確かに活発な精神を持つ少年はここで世の中の予備的で実践的な経験を積むであろうし、彼の同級生たちも彼の心または利益関係で将来変わらぬ友人たちとなるかもしれないからだ。彼は同級生たちとの自由な交際において、誠実さ、剛毅さ、分別の習慣が知らず知らず成熟していき、家柄や富も個人の実績を基準にして評価され、同級生の反乱ごっこは次なる世代の大臣や愛国者の真実の色彩を映し出している。我が国のこういった学校は「子供は大人にとって役立つ技術教え込むべし」と述べたスパルタ王の訓戒とは厳密には合致していない。実際にウェストミンスター・スクールあるいはイートン・カレッジを主席で卒業した学者が、十八世紀後半の英国紳士としての処世術や会話について全くの無知であるということもある。だがこれらの学校は彼らが学ぶべきものと主張した教科、ギリシア語とラテン語を徹底的に教えたことは評価されるべきである。つまりこれらの学校は生徒たちの手に二つの貴重な宝箱の鍵を授けたというわけである。また生徒自身が後ほどそれらの教科の学習を忘れてもあるいはおざなりにしても不満に思う理由はない。能力と適正がそれぞれバラバラな生徒を教えるには彼ら一同を一箇所に集めなければならないわけだが、その際有能な教師が一人の生徒について教えるよりも倍ぐらいの八年あるいは十年の期間を青少年教育に費やさなければならなくなる。

だが練習と規律の反復も、空っぽな精神において文法や韻律等の言語の知識・原則を植え付けるのに役立つし、古典の感性や精神を味わえるも私的なあるいは独学の大学生の音速だとが、鞭打たれて厳しく育った批評家の厳格な耳だとその音読の誤りに気づき嫌悪を抱けれるかもしれない。私自身としてはパブリック・スクールの社会的ならびに文芸的な果実はほんの小さなものしか受け入れなかったと言わざるを得ない。生命の危険と虚弱により幾度となく勉学が中断された二年間（一七四九年、一七五〇年）、なんとか私は第三学年に進級できて、ラテン語の美しい発音やギリシア語の初級レベルの発音の習得はもっと成熟した年齢に達するまで待つ必要があった。スポーツや口論や子供世界における社交に敢然と加わるよりも、私は自宅で伯母の母性的な翼によって愛しまれる方を好んだ。そして成人年齢に達するよりも遥か前にウェストミンスターを退学した。また私自身と同年齢の若い貴族の男と交際を結んだことがあって、私たち二人の感情が相互ともピタリと当てはまる感じだったので必ずや今後も続いていくくだろうと一人で勝手に思っていたが、私が海外から帰国した後になると彼は私に対して冷淡な態度を取るようになり、私は自尊心ゆえに彼と交際したかったのだが彼はそれを少しも認めようともせず、その後お互いに人生の道を歩み続けていくにつれ、次第に疎遠となった。だが彼の私的な性格は（H卿は自分の公の名前をついに述べなかった）、私の若い時の選択が不適切であったり無価値であったりするという非難を受ける余地はない。

ウェストミンスター・スクールで頻繁に欠席した理由となった私の病の危険さと多様さに、

ついに伯母のボーテンは内科の助言を得た上で私をバースへと連れて行った。一七五〇年の秋学期の休暇の終わりに嫌々ながら私から彼女は離れ、私は数ヶ月間信用のおける女中の手の元で世話されることになった。私の両足を交互に痙攣させ何の兆候もないのに激痛を引き起こした奇妙な神経症状に対して、湯に浸かったり水を浴びたりして治療を試みたが効果はなかった。バースから今度はウィンチェスターのある内科の家へ赴き彼の治療を受けてみたが、結局それも効き目がなかったため、バースの温泉の効能に結局もう一度頼ることとなった。私は病の発作が治っている合間を縫って私の父と一緒にベリトンやパトニーへと移転し、ウェストミンスター・スクールにもう一度入ろうという試みを短い間行ったが、最終的には徒労に終わった。というのも私の虚弱な体質では公的な学校の授業や規律に到底耐えられず、家庭教師を雇ってその人がもしかしたら私の学習がゆっくりと上達していくのをみて喜ばしく思う代わりに、父は各々の異なった地方にいる教師を私に充てるだけでいとも簡単に満足してしまった。私はこれらの学課を受けるよう強制されることも、説き勧められることも滅多になかった。それでも私はバースである聖職者とホラティウスの頌歌のいくつかと、ウェルギリウスのいくつかの断章を読み、不完全で一時的ながらもラテン詩人の作品を味わって楽しむことができた。

このままだと私は無学な障害者としての人生がずっと続いていくという心配も兆してきたが、私が十六歳になるにつれ、自然は私のために彼女の神秘的な力を発揮した。私の体格は頑強になり適切な骨格へと戻っていった。年齢とともに私の体格が成長し筋肉も強くなっていくのとは逆に、私の病気は実に驚くべきことに消滅していった。そしてそれ以来私は自分が健康だと自慢したりそれで放埒になることもなく、ほとんどの人よりも実際にしろ架空にしろ病気で苦しむようなことはなかった。それ故に、私が後年に痛風を患うまでは読者は私の肉体上の病の話についてこれ以上煩わされることはないはずである。私の予期せぬ回復は私の教育への期待をもう一度喚起させ、サリー州にあるイーシャにあるフィリップ・フランシス牧師の家に預けられた（一七五二年一月）。そこはとても快適な場所で、空気を浴び、運動や学習するのにとても適切な場所であった。フランシス氏はおそらくマレット一家から学者ならびに才人として私の教師に推薦されたのだと思う。彼の二つの悲劇作品は冷ややかに受け取られたが、彼のデモステネスの翻訳は（まだ私はそれを読んではいないが）、彼のギリシア文学の造詣の深さを示すものであるし、彼はホラティウスの詩の翻訳を英語で完訳するというとても骨の折れる労働を行うことである種の成功と喝采を収めた。この家族はもう名前は忘れたが一人の若い紳士を除けば、私と息子しかいなく、息子の方はその後にインドの最高会議での顕著な活躍をしてたっぷりとした財産を携えてイギリスへと帰ってきた。彼の父親のフランシス氏は授業をする際は少人数であると決めていたので、この有能な教師の下なら私が今まで失ってきた時間をすぐに取り返せるのではないかと思った。だが数週間もすれば、フランシス氏の精神はその職務を遂行するにはあまりに活動的だったことがわかり、そのため彼がロンドンで色々と楽しみ巡っている間に、彼の生徒たちはイーシャの留守宅で卑俗な品性と無学なオランダ人の助手に任せっきりとなった。そのような迂闊で無価値な者の手から激怒した父から私は離されたが、父は今度は分別というよりも当惑に基づいて奇抜で無謀とも言える方法を採用することになった。特に準備もすることなくすぐに私はオックスフォードへと連れていかれて、まだ十六歳にもならぬうちに（一七五二年四月三日）モードリン・カレッジの特別自費生としてその大学へと入学した。

私が幼児の頃に植え付けられていた好奇心はその時も活発に蠢いていたが、私の理性はといえばウェストミンスター・スクールの入学からオックスフォードの学校へと入学するまでの三年間の貴重さについての価値を理解したり、その喪失を嘆いたりするほどには発達していなかった。居間や寝室に頻繁に長く閉じ込められることに不平を漏らすことはなく、むしろ学校や同級生たちとの活動に加わらなくてもいいこの病気を内心密かに喜ばしく思った。私が危険や苦痛から免れるたびに、自由な気ままな読書が私の孤独な時間の娯楽でありまた慰めでもあった。ウェストミンスターでは私の伯母は私を面白がらせたり楽しませようと努めたし、バースやウィンチェスター、ベリトンやパトニーの滞在において周囲の誤った同情が私の苦痛を気遣って、何ら制限や勧告を受けることなく成熟したものとは言えない趣味にも没入することが許された。私の無差別な読書欲はやがて歴史に関する文章へと集中するようになった。そして、哲学がロック氏を筆頭に先天的な観念や性向を破砕してしまったが故に、私のこの選択を八折り本の形式で次々に刊行された『世界史』において熱心に読み耽るようになった。この不揃いな作品と、ハーン[11]の論考である『歴史への手引き』がギリシアやローマの歴史家たちについて少なくとも英語で読める限りのもので私を案内してくれた。リトルベリーの不完全なヘロドトスやスペルマンの貴重なクセノフォンからゴートスの気取ったタキトゥスの二折り版や前世紀の初めにおける見ずぼらしいプロコピウスまで、手にできるものは可能な限り貪り読んだ。

これほど多くの知識をいとも簡単に得られることは、もともと気の進まなかった私の外国語の学習をやめさせ、伯母のポーテンと議論し、譬え私がギリシア語やラテン語をマスターしたとしても、結局は原典の思考を私自身が英語で解釈しなければならないので、そういった類の即席の翻訳は熟練した学者による精巧な翻訳に比べるべくもないことを述べた。このような馬鹿げた詭弁は、母国語以外の外国語を何一つ知らない人物からは容易に反駁されないことは明らかである。私は古代の世界から近代の世界へと一気にまたぎ、スピード、ラパン、メズレ、ダヴィラ、マキャヴェリ、フラ・パウロ、バウアー等々らの無数の雑然とした書物を小説を読むかのように手軽に読んでいき、同じくらいの貪欲さでインドや中国、メキシコやペルーについての記述を吸収していった。私の家の蔵書数は十分にあり、ロンドンやバースの移動図書館も豊かな財宝を提供してくれた。私は多数の本を借り、いくつかは自分の乏しい小遣いで購入した。父親の友人が家に来てこの少年を訪ねた時、彼らが全然知らないような題名の本をこの少年が二折り版でそれらを周囲に山のように積み重ねていて、しかしそれらの内容について、きちんと議論できることを見出しては驚いた。

私がそれ以後私の人生の多くの歳月を費やすことになるあの歴史的な場面に初めて案内されたのは偶然によるものだった。一七五一年の夏に、私は父についていってウィルトシャーのホーア宅を訪問したが、私はストウヘッドの景色の美しさよりもその書庫において一冊のありきたりの書物を発見したことの方に喜びを抱いた。その本とはエチャードの『ローマ史続編』であり、それは前編のものより遥かに様式と味わいが洗練されているものであった。私にとってコンスタンティヌスの後継者たちの治める世界は全く新しいものだった。私がドナウ河を超えていくゴート軍の描写の場面に没入していたときに、夕食を知らせるベルが鳴るのを聞いて渋々この知的な宴から引き摺り出された。この束の間に過ぎぬ一瞥は、私の好奇心を宥めるよりも一層刺激させ、バースに帰宅するや否やビザンツの時期についての詳細がより一層描かれているハウエルの『世界史』第二巻と第三巻を手に入れた。ムハンマドと彼のサラセン軍団がすぐに私を惹きつけ、私にあったある種の文献批判の本能が真正の資料へと向かわせた。全てにおいて独創的なサイモン・オクリーが最初に私の目を開かせ、私は東洋の歴史の概観を完全に整理できるまで次から次へと書物を手にしていった。十六歳になるまでに、私はアラビア人とペルシア人、タタール人とトルコ人に関しては英語で学べるものは全て学び尽くし、それと同じ熱情がさらに私をデルブロ[12]のフランス語の文章の類推や、ポコックのアブルファラギウスの粗野なラテン語訳の解釈へと駆り立てた。このような漠然とした雑多な読書では、私自身が考えたり書いたり行動したりすることに関して学ぶことはあり得なかった。この未消化に蠢く混沌に一筋の光をもたらす唯一の原理となったのは、それらを秩序ある時間と場所に早めにそして合理的な適用することだけだった。セラリウスとウェルズの地図は私の心に古代の地理学の光景を刻印し、ストラキウスからは年代学の初級部分について吸収した。ヘルヴィクスとアンダーソンの図表とアシャーとプリドーの年代記が諸々の事件やその関連性を明らかにして、私は多数の名前と年代を明晰に消えることのない一連の鎖に彫りつけた。だが原始の時代に関する討論では思い切って傲慢で無謀な振る舞いに出た。私の子供じみた天秤を用いて、スカリゲルとペタウィウス、またマーシャムとニュートンの体系を原語で研究する機会がほとんどないにも拘らず比較してみた。アッシリアやエジプトの王朝はあたかも私のこまやクリケット球みたいなものだった。そして夜の睡眠も、旧約聖書の七十人訳とヘブライ語原文の年代計算をうまく合わせるのが難しいことに気づくと妨げられたものだった。私はこのように博士さえも困惑させるような学問的知識の累積と、小学生すらも恥をかいてしまうような無知を両方とも携えてオックスフォードに到着したわけである。

私の人生のこの最初の時期についての記述を締め括るにあたって、世間で誇張気味に語られ流布している少年時代の幸福についての陳腐で安っぽい賞賛についての抗議をしたい。私としてはその様な幸福はついぞ味わわず、この時代について何らの未練もない。もし私の伯母がまだ生きていたなら、彼女はこのことについて私が早くから一貫して変わらなかったことを証言してくれよう。もちろん私はこのことについて判断するのにふさわしくなく、つまり快楽は苦痛と両立できず、喜びは病気によって排除され、少年の幸福は無邪気に元気な敏捷さで絶えず動き回ることにあるが私はそれとは無縁だったという反論はくるだろうが、確かに私のエドワー・ギボンという名前は世の中からすればしなやかな腕で水を割き、空を飛んでいく球を追いかけまわり、転がり円を追跡することに夢中な若々しい人たちであるイートン・カレッジやウェストミンスター・スクールの怠惰な生徒たちの間に登録されるのはあり得ないことだろう。だが私は運動場の最も熱意を持っている最も活発に動く英雄に向かって、君のその子供時代の遊戯と大人の楽しみと本気で比べるつもりなのか、自然が青春時代には取っておいた感性と精神性の活発な成熟性という自分の存在の最も大事な本質を全く感じないのか、尋ねてみたいところである。未来への展望や反芻が伴わないようなことからくる幸福なぞは、私は決して妬まない。そのような退化した趣味は成人から幼児へと、さらには牡蠣や犬にまで逆戻りさせ、最終的には感覚を有しないが故に痛覚を感じないという生のない物質的なものに閉じ込められるだろう。詩人は短い陽気な時間を描写するだろうが、彼は毎朝起きると不安と嫌々な気持ちで通学し学校の面倒な授業を受けさせられる生徒の姿を念頭に入れてないのだ。悲惨の程度は、対象という客観よりも精神という主観に依るものである。小さなことは軽い心を捉える（Parva leves capiunt animos）。そして人生という試練において、宿題がまだ終わっていない哀れな学生が憂鬱な月曜日の前夜で震えること以上の苦しみを味わった人は滅多にいないだろう。

学校こそは恐怖と悲しみの洞穴である。囚われた少年たちは書物と机に繋がれ、融通の利かない教師は絶えずその場から離れようとする生徒の注意力を制御する。彼らはあたかもペルシア人のように鞭打たれながら学業という仕事をする。そして彼らが強要して受けさせられる厳しい授業の意義や実効性を会得する前にその学業は終了してしまう。確かにこの種の盲目的で絶対的な依存は必要かもしれないが、決して楽しいものではないだろう。自由こそは我々の胸にある第一の望みであり、また我々の本質の第一の祝福である。そして我々が利害や情熱という自発的な鎖

で自分を縛らない限り、我々は年齢を重ねていくにつれ自由も拡大していく。

第三章　オックスフォード（一七五二年〜五三年）

オックスフォードやケンブリッジを訪ねる旅行者はイギリス学問の中心地の街を支配している明白な秩序と平静さを感じれば驚嘆し畏敬の念を持つことだろう。オランダ、ドイツ、イタリアの最も著名な大学では、世界各地からその門戸を叩く学生が集まり家庭のプライベートな下宿人として大学の街全体に散在していて、自分の好みと財産に応じて自由に身なりを繕い、若さとアルコールに起因する向こうみずな喧嘩で、以前に比べれば減ったにせよ、彼らの剣にお互いの血糊がつくものだ。我々のイギリスの大学では武器の使用は禁止されていて、四角帽子と黒いガウンという学問の伝統的な制服が文民職やさらには聖職者においても適用されている。そして神学博士から学部生まで、学業の度合いと年齢が外面的に区別されている。他の国のように生徒が都市に散在するのではなく、オックスフォードとケンブリッジの生徒はそれぞれのカレッジに集まって生活していて、彼らの生活費用は自分たちの支出あるいは創立者の金によって充てられている。そして講堂やチャペルでの規則正しい時間は正規のいわば宗教的な共同体の規律を表している。旅行者の目はこれらの公共の建物の大きさと美しさに魅了され、主なカレッジは各々が自由な国民によって学問の場所として建設され寄付された宮殿のように見える。私のオックスフォード大学への入学は自分の人生の新たな時期の幕明けであり、あれから四十年経った今も私が最初来た時に受けた驚きと満足の感銘を覚えている。私は十五歳になって突然少年から一人前の大人になったような気がした。年齢とアカデミックな世界での位階における尊敬する先輩たちが礼儀を以て丁重に私を迎え入れてくれた。そして私の虚栄心は特別自費生を普通の平民学生から区別するビロード製の帽子と絹のガウンを身につけることにより煽られた。学生としてそれまでに見たことのなかった多額の金が私の手に自由に委ねられ、オックスフォードの街の商人との間で危険なほどの信用取引が無制限に許された。無数の学識ある本が収められている図書館へと入るための鍵も渡され、私の住居はモードリン・カレッジの堂々たる大きな建物群のうち、新しい建物の中にある立派な家具がついた部屋三つが割り当てられ、隣にある散歩道は、もしそこを往来していくのがプラトンの弟子であったならばそれをイリッソス河畔のアッティカの木陰に例えるだろう。これが、私がオックスフォード大学に入学（一七五二年四月三日）した際の美しい将来への展望だった。

その趣味と博識によって学校形成において名誉を反映させたある高位聖職者は、自分の大学生活について非常に興味深い描写をしている。

「私は（とラウス主教は述べる）オックスフォード大学で教育を受けた。私はこの著名な大学に籍を置くことによる公的も私的も両方の面でのその利点を全て享受した。私はこの栄えある共同体において多数の年月を過ごし有用な学問研究の規則正しい課程を履修して、紳士や学者たちとの快適でためになる交際をした。この学園における羨望交えぬ競争、嫉妬なき野心、恨みなき論争は私の勤勉さを促進し、私の中に眠っている才能を引き起こした。知識の自由な探求と思考の真正なる自由が手本や奨励や権威に基づいて高められ、激励された。私は過去にあるフッカー、[13]チリングワース、[14]ロックたちが吸い込んだ空気と同じものを吸って育った。これらの人々の善意と人間性は彼らの才分や包括的な知識と同じほどの大きさであり、彼らの敵たちも常に礼節と敬意を以て遇して、素直さや節度や自由な判断力を論争における主題としてだけでなく、論争における規則や法則たらしめたのだった。そして私がこのような場において教育を受け続け、もっとも尊敬すべきこの団体と関係を今後も有し、私の最大の恩恵と最高峰の名誉としてこれを尊重するのを君は非難しようとでもいうのか？」

私はこの雄弁な一節をここに模写するにおいて、フッカー、チリングワース、ロックが彼らのアカデミア教育から具体的にどのような利益や報酬を引き出したかを考察しようとは思わない。また、この怒れる論争においてウォーバートン[15]がこの場所における聖霊の仕業としていたが、それを過度な熱狂状態にあるラウス主教自身が免れたかどうかも詮索はしない。感謝の念の表明は徳性と喜びである。そのため自由な精神は自分の親の記憶を慈しみ讃えることに喜びを見出すに違いなく、学問の先生方は精神上のその親なのである。だが私は親に対する子として敬いを模倣することができない。私自身としては大学に対する感じてもいない恩義を感じることにより、正義にかなった寛大な恩返しをした告白することにより自分が有徳な人間だと自負するつもりはない。

オックスフォード大学に対する「私としての」恩義はといえば、私は何ら感じないものであり、私がこの学校を母なる学校とみなすのを拒絶するのと同じく、この学校もまた私を喜んで卒業生として認めるのを放棄するであろう。私はモードリン・カレッジで十四ヶ月過ごしたが、それは私の全生涯において最も怠惰かつ無為な期間であった。読者はこの学校とその生徒という関係で何かを意見を述べるだろうが、しかし私を創った自然が私が文学的な学に対する探求において完全にその素質がないように仕向けた、ということを信じようとは思わない。私の幼い年齢や、準備が不完全だったとか、慌ただしく退学したことが尤もらしい言い訳として主張できるのは疑いのないことだし、これらの言い訳の正当性を完全には否定しようとは思わない。だが十六歳になった私は、学問に対する素質や勤勉さが不足していたわけではない。私の子供じみた読書ですらも書物に対する盲目的ながらも早熟な傾向を示していた。そして浅い漣はもっと深い水路に清らかな水流で流れるのを教えられたかも知れなかった。しっかりと構成されているアカデミアで卓越して慎重な教授の下で精進したならば、私は翻訳されたものから原典へ、ラテン語からギリシア語古典へ、すでに化石と化した言語から生きた学問へと移ることができたであろう。そして私のそこで過ごした時間は有益で心地よい学問研究によって満たされていただろう。空想の放縦は抑制されたであろうし、私をオックスフォード大学から去っていくのを急かしたあの怠惰な誘惑からも逃れられたはずである。

もしかすると、私は別個の各々無関係な注釈で英国の姉妹大学の各々の学生たちが引き起こしている狂乱的で愚かな論争の的となっている嘘か真か分からぬ古い歴史について冷静に吟味できたかもしれない。一方で、これらの尊敬すべき組織は加齢により偏見や弱点をその身に帯びていることは理解してくれるだろう。オックスフォードとケンブリッジの大学は誤謬と野蛮さに満ちている学問が蔓延っていた中世の暗黒時代に設立されたものである。そしてその起源の悪徳が今もなお各々の大学に染み込んでいる。最も初期の学業の規律は聖職者や修道士の育成を目的としていたため、この組織の運営は今もなお世俗を超越していてその目が哲学の光により眩んでいる聖職者の手に委ねられている。教皇や国王の性質を取り入れて合法的に設立されたこれらの組織は、公共教育においての独占権を付与されてきた。そして独占者の精神というものは視野が狭く、怠惰で弾圧的ときている。彼らの仕事は独立した技術者よりも高価でありながら非生産的である。そして自由競争があるところでは熱心に行われる改善改良も、こういったライバルがいなく告白が誤謬だと批判されないプライドの高い組織ではゆっくりと嫌々ながらしか取り入れられない。そういった組織では改革が自発的に行われることはほとんど期待できず、両大学が法律と偏見に深く根ざしている現状と弊害に関しては全能の議会ですら調査することに怖気付くことだろう。

十三世紀までの大学の学士号の有効性は、大学を卒業した弟子が自分の技能の証明を獲得し自分の職務と秘儀を実践に移すための免状を職人組合から借用することにあった。私自身にとっては満足も裏切ることもなかったそれらの類の名誉を侮辱することは私の目的ではないし、もしこれら学士号や修士号が、勤勉性に基づいた学問研究の成功の報酬として授けられ、博士あるいは師匠という称号と地位が、公の尊敬により自らの立場の正当性を立証した学問の教授のみに厳格に授与されるのなら、私はこういった制度を賞賛するのを何ら否定はしない。

神学という神秘的な学科は世俗的な目によって吟味されるべきものではなく、理性という外套は流行に乗っている我が国の神学者にとっては不似合いであり、教父や宗教会議等の教会に関する研究では彼らはカトリック系の大学に謙るだろう。英国内の民法学者と教会法学者は今までに名声を獲得するには至らず、彼らの研究は小さな仲間内にとどまるものである。またローマの二重の法学研究は、名声や富の追求にかけては我が国の学者もどきの権勢を相手にしない普通法学者の大群によって圧倒されている。我々は我が国の医者の技術と学識について正当に誇りに思う。彼らの技術は病院での実践によって鍛えられている。彼らはロンドンやスコットランド、あるいはヨーロッパ大陸において学問を追求する。そのために、もしも医学生が自分の研修期間をオックスフォードあるいはケンブリッジで十四年間過ごしたが、肝心の学位はロイヤル・カレッジでのみ独占的に与えられているとするならば、この医者に診断してもらおうという患者は誰もいないだろう。人文科学は哲学や文学の自由な知識も含めているはずだが、私が知る限りでは今日でも学位や修士を獲得するにはいまだに古臭い論理学と形而上学が主な構成要素であるらしい。そして最近見せている改良の動きも、もっと合理的な試みを導入するのではなく、むしろ今日では軽蔑の的となっているようなものを単に薄めて引き伸ばしたようなものであるに過ぎない。

英国を除くヨーロッパ全土の全ての大学では、語学と学問の講義は優れた教授の一覧名簿から割り当てられ、学生は自分の好みと天職と熱意に応じて適切な教師を選び、これらの教師は毎年毎年公的なあるいは私的な講義に熱心に繰り返し従事している。我々の好奇心は、オックスフォード大学には何人の教授が配属されているか（ここでは私の大学だけに限定する）、誰によって任命されたか、大学にとってその利点と不利益は何だろうかを尋ねたくなるだろう。三つの学部には何人の教授が配属され、どれほどの数が文芸に割り当てられているのだろうか。講義の形式は如何様で、その内容はどうなのか？だがこういった疑問は一つの短く奇妙な答えにより沈黙を強いられることになり、それは「オックスフォード大学ではだいぶ前から公的な教授たちの大半が講義を装うことすらしなくなっている」というわけである。これはにわかには信じ難いだろうが、私は以前にオックスフォードに居住したことのある哲学者の公平で信頼できる証言を正しいものとみなしたいと思う。アダム・スミス博士は彼ら教授たちが怠慢なのは、受講する生徒が増加したり講義の感謝としての自発的な謝礼を受け取り彼らのやる気を促進する代わりに、教授たちには固定給が支払われていて安全に保護されているので、働く必要も感じず組織上不利な待遇を被る虞もないからだ。

高額な器具や手先の器用さが要求される実験科学の分野を別にすれば、全ての学問分野で毎年刊行されている価値ある論文を読むやり方が口頭で教えるという古くからのやり方よりも優れていると今まで考えられてきたし、それも決して非合理とは言えないものではある。もしこのことが完全に正しいものであるのならば、職務上の地位や給料が完全に無用なものとなるため即刻廃止するべきだと考える。だが論文と教授との間には重要な違いがいまだなお残っている。講義の時間に出席することを強制させ、教授の存在、その声、そして彼に質問できるという機会により出席者は注意を払うようになり、最も怠惰な生徒でも多少なりとも知識を携えて教室から出るだろうし、最も勤勉な生徒なら彼らが学校で聞いた教えと部屋で読む書物との内容上の違いを比較するだろう。優れた教授の教えは、生徒各々の能力や状況に応じた読書の手順を示すだろうし、生徒たちの抱える困難を取り払ったり、疑問を解決するだろう。彼の教授としての権威は生徒の怠慢さを叱り、彼の入念な吟味は生徒の読書の進捗度合いを確認するであろう。教授が担当している学問分野がなんであれ、自分の余暇の時間に書斎で作り公の場で読み上げ最終的には書物の形で公刊されるのを講義ではひとまとめに語るだろう。ラウス博士がオックスフォード大学で同程度の雄弁さと学識を用いて、ヘブライ語の詩に関する比類なき

「講義」をやりおおせたことを考えると私は喜びを禁じ得ない。

セント・メアリー・マグダレン・カレッジ（一般的にはモードリンと発音される）は十五世紀にウィンチェスターの聖職者によって創立された。今日では一人の学部長、四十人の特別研究生、そして数多くの特待交友から成り立っている。それは我が国の学問組織の中でも最も規模が大きく資金が豊穣なものとして尊重されており、カトリック諸国のベネディクト派修道院と比較することもできよう。モードリン・カレッジに帰属している不動産は寛大な地主によって僅かな免役地代と謝礼金だけで借りられ、もし私的で貪欲な地主の手に渡るなら年間三万ポンドほどの収入になるほどの資産である。英国のカレッジは教育だけでなく研究機関としての学校でもあるとされ、そのため独身生活を貫いていて自分の生計を立てる心配がなく本がたっぷりと支給されている学者たちが、彼らの余暇を学問研究に捧げ、それらの成果の一部が世間に公表されるべきだ、と期待されているのは決して非合理なものではない。彼らの書斎の棚はベネディクト会の二折り版、つまりパリのサン・ジェルマン・デ・プレという修道院から唯一発刊された教父たちの本や中世の収集物によっていっぱいに満たされている。確かに天才の作品とはこの一人の精神から生み出されたものに違いないが、大勢の人に分けられ長年にわたって編集されるのが継続されねばならないこれらの多大な努力の末の作品は、勤勉な組織が行う固有の分野に違いない。もし私がモードリン修道士たちの作品について照会したり、オックスフォードやケンブリッジの他のカレッジにも手を広げて同じように照会するならば、赤面しつつ沈黙に陥るか、あるいは嘲笑気味に顰めっ面をするのが彼らの唯一の応対となるだろう。私が大学で過ごした時期の特別研究員や修道士たちは大学創設者による恩恵を怠慢に享受していた安楽で気楽な人たちであった。彼らの大学での日々は一連の決まり切ったことばかりで過ごしていた。教会や大講堂、コーヒーハウスや談話室等に赴き、そこの用事が終わったらクタクタながらも満足感を得ながら部屋に戻り深い眠りに就いた。長年の読書や思索や執筆によって良心というものは無くなったようで、学識や才分による萌芽は地面に枯れ果てて、大学運営者や公に何らの果実ももたらさなくなった。出鱈目なハチンソン学説に深く没頭していた若い特別研究員（のちの主教である）が唯一の生徒であったし、またバラッドという名前の男が唯一の著作家だったが、この半分飢えたような司祭は大英国の学識ある夫人方に関わる数冊の記録の購読を募っていた。

私は一般学生として特別研究生の界隈に入ることが許され、彼らの交わす対話においてなんらかの文芸的な疑問がテーマとして、聞いていて楽しく為になるようなことを話すだろうと楽観的に期待していた。だが彼らの会話は、カレッジの運営やトーリー党の政策、個人的な出来事や私的なスキャンダル話に止まっていた。彼らの生気のない深酒は若さという活発な気性をとても感じさせなかった。そして彼らの憲法を称える乾杯の音頭もハノーヴァー朝へと最も生き生きとした忠誠心を表したものではとてもなかった。総選挙が控えていて、オックスフォードシャーの抗争がすでに党派心の悪意を燃え盛らせていた。モードリン・カレッジは古くからの派閥に非常に固着していて、ウェンマンやダッシウッドの名前がキケローやクリュソストモス[16]のよりも頻繁に口に登った。特別研究生の先輩たちの手本は下の学部生たちに自由な精神や勤勉な競争を奨励するものではとてもなかった。そして私はカレッジの規律について、知らなかったが故に、ここで説明することができない。特別研究生という平和な名誉に野心を持っていた貧しい研究生たちに何らかの義務が課せられていたかもしれない (ascribi quietis ordinibus......deorum)。だが、特別自費生以下の派閥から独立している人の入室は許可されず、我々のビロード帽は自由を象徴している帽子だった。昔我々の先輩たちが何人か講堂でラテン語で演説する習慣があったと伝えられているが、今ではそのようなものの慣習の痕跡はなんら見当たらない。公開した演習や試験という明らかなやり方ですら取られることはなく、学部長またはカレッジが教員や生徒の個人の経済状況に干渉したことを全く耳にしなかった。

若者の公共教育を奪っているオックスフォード大学の教授たちの沈黙は、いくつかのカレッジに配属されている個別教員たちによって不完全ながらその教育機会が補われている。彼らをブルマンやベルヌーイの野望を満足させた特定の一つの学問分野に制限させる代わりに、彼らは歴史や数学、あるいは古代の文学や倫理学について色々教えたり、少なくとも教える約束をする。そして彼らがそれら全てにおいて不適格でありうるし、全てでなくともいくつかの分野では無知なことも十分ありうる。彼らは確かに私的な謝礼が払われるが、仕事の任命はカレッジ長によって行われる。彼らの教員としての熱意は決して強制されたものではなく、その為生徒自身あるいは彼らの親たちが選択や変更する自由がなければ、教員の授業は熱心さを欠けることになる。私に最初に割り当てられた教員は、その中でもどうやら最良の人物であったように思われる。ウォルドグレイヴ博士は学識がある敬虔な男で、温厚な気質ながらも厳格な道徳性を持っていて禁欲的な生活を送っていた。そして大学の政治や騒ぎに滅多に混ざることはなかった。だが彼の持っている知識は大学という世界に限定されていた。彼の学識は今よりも昔の世代のものであり、彼の気質は無精なものであった。彼の能力は風土の影響で弛緩した物であり、第一等のものとは言えなかった。そして自分の同僚と同じく、重要な信頼関係を軽く表面的に維持していくだけで満足していた。私の教員が自分の生徒が学校で学んでいるはずの知識を持っていないことに気づくと、毎朝十時から十一時まで二人で一緒にテレンティウスの喜劇を読もうと提案した。そのため私がオックスフォードの大学で学んだことの総計は三つか四つのラテン語の演劇に過ぎない。そして現代と古代の舞台を比較することにより湧き出てくる古典研究の優雅さも、原典の無味乾燥で直訳的な翻訳に終始したことにより味わえなかった。最初の数週間は教員の部屋で休まずに出席したが、やがて恩恵も楽しみもその授業が何もないことを悟ると、形式ばった弁明を試しに一度やってみた。その弁明を相手は微笑んで認可した。このような罪深い行為を形式ばらずに数回繰り返したが、同じような応対で寛大に受け入れられた。欠席の弁解として怠惰や病気の最も瑣末なものでも、あるいは私の部屋や学外での取るに足らぬ趣味でも欠席するに十分なものと認め、また私の欠席ややる気のなさも教員は気にしていないのは明らかだった。仮に授業がしっかりと行われても、その一時間は私にとっては学校内の閑暇のわずかな部分にしか過ぎなかった。いかなる研究計画も私のために提示されることはなく、彼が私の学業を検査すべきいかなる課題も出されなかった。そして若者にとっての最も貴重な時期が、学業努力も娯楽もなくまた助言や説明もなく、ただ虚しく一日、一週間が過ぎていった。私は自分の理性と教員の声を聞くべきであった。彼の温厚な振る舞いが私の信用を得ていたので、私は若い学生よりも彼と交際することを好んだ。実際に一緒に夕方に散歩して、ヘディントン丘の頂まで歩いて行って色々なことをテーマにして自由に語り合った。

ポコックやハイドの時期以降、東洋学はオックスフォード大学の誇りとなった分野であり、一度アラビア語を学んでみたいという意向を示した。彼の慎重さはこの子供じみた空想を否定しようとしたが、それによって好奇心に満ちた精神の熱心さを指導するという絶好の機会を無下にしてしまったのだ。夏休みで私がいない時、ウォルドグレイヴ博士はサセックス州ウォシントンにあるカレッジ聖職禄を受け入れて、私が戻ってきたときには彼はオックスフォードにはいなくなっていた。そしてそれ以来、私は自分の最初の教員のその後の行方を知らなかったが、あれから三十年経っても（一七八一年）まだ在命であることを知った。そして運動と節制を日々実行したことにより、健康な長寿に恵まれた。

春学期と秋学期の間の長い休暇は、ウェストミンスターの法廷と同じくオックスフォードのカレッジも無人にする。私はハンプシャーのベリトンにある父の家で八月と九月の二ヶ月をそこで過ごしたが、暦の改正によりその間十一日短縮されたので、私は非常に驚いた。奇妙なことだが私がモードリン・カレッジをでたらすぐ、本への欲求が再び心に渦巻き始めた。だがそれは異国の歴史の探究という相も変わらず盲目的で子供じみた欲求だった。独創的な学識を身につけているわけではなく、思考の習慣が自分の中に完全に根付いていなく、さらに文章の技術もまだ磨いていないのに、本を一冊書いてみようと思い立った。最初の試論の題名である「セソストリスの時代」[17]はもしかすると当時発刊されたばかりで人気を博していた『ルイ十四世の時代』の影響を被っていただろうが、ともかく私の唯一の目的はアジアの征服者の生涯と統治についての正しい年代の究明にあった。その当時は、まだその優れた点と欠点を判断するだけの能力を有していなかったもののサー・ジョン・マーサムの『年代学規範』を夢中になって読んでいた。彼の視野が狭いものの尤もらしいやり方に基づき、私は自分の英雄を紀元前十世紀のソロモンの時代に割り当てることにした。そのため私がサー・アイザック・ニュートンのより短い年代計算を採用しない限り、強い反論を克服しなければならない義務が私にあった。そして十五歳の私がその解決策として採用した方法は、決して独創性に欠けているわけではなかった。最も高位な神官マネトー[18]は、彼の『エジプト史』においてセソストリスあるいはセトシスを、パロス島大理石年表においては紀元前一五一〇年にギリシアに上陸したとされるダナオスの長兄と同じ人物だと断定した。だがこの神官は意図的に誤りを犯していると私は考えている。追従というのは誤謬の多産な親であり、そして付け加えると誤謬は聖職者の性格と決して両立しないわけではない。マネトーの『エジプト史』はプトレマイオス・フィラデルフォスに献呈されているが、その人はヘラクレス家の歴代のマケドニア王たちから架空的で不正当な系図を引き出した。ダナオスはヘラクレスの先祖にあたり、長兄の系譜が途絶えたのちに、彼の子孫たちのプトレマイオス家がその王族一家の唯一の代表者であり、征服によって獲得した王国を今度は相続権でもその所有権を要求できるようになる。私の子供じみた発見はこのような具合であった。それから成熟して年を重ねた後は、私はとうに遥か雲に覆われて朧げになったギリシアとユダヤとエジプトの古代史を関連づけようとは思わなくなり、そして子供の信念と知識もより合理的でより学識のない大人の方が凌駕するという例は、これだけに限らない。ベリトンに滞在していた間、私の若者としての仕事は交際や地方の娯楽によって妨げられることはそれほどなく、勤勉に遂行されていった。そしてその時にはもう公の賞賛の声が聞こえてきた。私自身の欠点の発見は自分の好みも見出させる最初の兆候であった。オックスフォードに帰還した後、『セソストリスの時代』は賢明にも破棄されたが、不完全な草稿はその後も二十年間ほど引き出しの奥底に仕舞われ、その後草稿の全体を整理した際（一七七二年一一月）に炎の中に投げ込まれた。

ウォルドグレイヴ博士が去った後、彼の他の生徒と一緒に先輩の研究員へと移動させられたが、彼の文学的そして道徳的な性分は決してカレッジの尊敬を集めるものではなかった。ウィンチェスター博士は自分の給料を受け取ることだけはよく覚えていたが、ただその対価として仕事をする義務があるのを忘れていただけであった。生徒の学業の進捗と態度を監督する代わりに、私を講義の出席という形式的な儀式にすら呼ぶことは一度もなかった。例外として一度だけ彼の部屋に自発的に訪ねたことがあったが、彼がそのまがりなりにも職務についていたその八ヶ月間、この教員とその生徒はカレッジ内においてお互い赤の他人として過ごした。経験や助言や課題が欠けていた私はしばらくしたら不適切な振る舞いをするようになり、好ましくない交際や夜更かしと金を蕩尽するようになった。私の増大していく負債は隠せても、私の頻繁な欠席は隠せず顰蹙を周りから呼び始めた。そして同じ冬にバースへと旅行し、バッキンガムシャーを訪問し、ロンドンに四回も遠征したことは、費用が嵩み危険な浮かれ騒ぎであった。無論それらには何か意義があるというのでもなく、それに弁解が入る余地もない。つまり面倒で煩わしい修道院生活が、何度も遍歴を繰り返すように私を誘惑したのであった。しかし私の最も主要な楽しみは旅をすることにあり、私は勇ましいオックスフォードの学生らしく居酒屋や売春風俗で楽しい時間を過ごすにはあまりにも若く恥じらいも抜けていなかった。私はこういった外出ではオックスフォードから抜け出してはまたカレッジに戻り、数日したらそれを繰り返したが、あたかも自分が下宿住まいの独立した、勧告や手枷をはめられ拘束されることもない旅人であったかのようだった。だが私の時間はどんどん過ぎ去っていき、出費も嵩んでいき、私の学外での振る舞いは人に知られることはなかった。悪徳同様愚かさも私よりも上の人間の注意を喚起させたはずだし、私の幼い年齢は普通以上の制限や規律を私に被せてもそれは正当なものとなったはずである。

国教会の学校であったので、少なくとも宗教の正統的な原理について教え込むことは期待するだろう。だが尊敬すべき母校は、頑迷と無関心という正反対の二つの極点を合体させているときている。大学からすれば異端者あるいは無信仰者は怪物として映るはずなのだが、譬えそういうものを見ても常に、少なくともしばしば、あるいは時々、自分の子供に精神的な教育を施すのに投げやりだった。大学の規則に従えば、入学する学生は皆、英国国教会の第三十九条への同意を宣誓する必要があった。読まずに署名されることが多いし、信じずに読まれることも多いとはいえ、だ。しかし私の年齢がまだ成熟していなかったため、この法律上の儀式をすぐに履行することは免除され、副学長は十六歳になったらすぐにその儀式を行うように指示しその間はカレッジの指導に従うべしと私に述べた。だが私のそのカレッジは指導することを忘れたようだ。そしてその儀式を行うことも忘れ、大学の最高位の行政官からも忘れ去られた。私的にしろ公的にしろ、あるいはキリスト教にしろプロテスタントにしろ講義を受けることは一度もなく、学生としての先生も監督教会における堅信礼を行うことも一切なく、私一人残され教理問答という薄い光を頼りに礼拝堂と聖餐台を探して進んでいきついにそこで迎え入れられたが、聖餐を受けるための資格を得るのに自分が今どの程度までいて今後どうすればいいのかについての疑問は何ら説明されることはなかった。このようなほとんど信じ難いほどの怠慢は最悪の結果をもたらすのに尤もであった。子供の頃から私は宗教上の対話が好きであった。

私の哀れな伯母は彼女が必死に信じていたことに対する私の反対意見によく当惑したものだった。そしてそのような弾みのあるバネはオックスフォードの空気を吸うようになっても完全に喪失されたわけではなかった。

怠惰からくる盲目的な活発性が論争という危険な迷宮へと鎧で身を覆うことなく無防備に入り込み、十六歳という年齢でローマ・カトリック教会の誤謬に迷い込み、己の身が狼狽した。

私の改宗に至る経緯は、少なくとも私自身の精神史を描写するものかもしれない。しばらく前にミドルトン博士[19]の『自由な探究』が神学の世界に警鐘を打ち鳴らし、原始教会の奇蹟を擁護するために多数のインクが消費され幾多もの怨みが発せられた。そしてウィリアム・ドドウェルとトーマス・チャーチという才気鈍いこと極まりない二人の擁護者がオックスフォード大学の学術的な栄誉に輝いたのだった。ミドルトンという名前は悪名高くなって、彼の追放はほとんど必然的に私が彼と反駁者の著作を読むに至らせたのであった。彼の大胆な批判は、ほとんど神への不忠のぎりぎりまでに近づくものであり、私の心に奇妙な影響を与えたのであった。そしてもし私がローマ教会の陣営に長く止まっていたのならば、私は自分の辿る運命に『アエネーイス』のシビュラの予言を当てはめたことだろう。

汝に開かれる安全な道は汝が最も予期せぬ所から発する
すなわちギリシアの街から也

文体の優雅さと論証の無碍さは偏見により打破された。つまり私はミドルトン博士が晒しあげていた聖人や教父たちをその性格というよりむしろその名前で尊敬していたし、紀元後の最初の四、五世紀ではカトリック教会で奇蹟を行う能力の恩恵がまだ続いていたことを私は盲目的な服従により信じていたことを彼は破壊することはできなかった。だが一方で、同時期にカトリック教会の主な教義の大半がすでに理論と実践の面で導入されていたという歴史的な証拠による重圧に私は対抗できなかったし、そして奇蹟は真理の証明であり目に捉えられる形での神の介入により頻繁に是認される境界こそが正統なものであり、また純粋なものである、と私が結論づけたことも決して不合理なものではなかった。バシリウス[20]やクリュソストモス、アウグスティヌスやヒエロニムス等の教父たちがあれほどに敢然と証言している奇蹟とも言える物語は、独身生活の優れた点、修道院生活における制度、十字架の印やそれと聖油の使用、更には図像、聖人への祈願、聖遺物の崇拝、死者へ祈りにおける煉獄の萌芽、そして何よりキリストの血肉の捧げという驚異的な神秘、やがて全質変化という驚異へと人知れず膨らんでいった秘蹟を私が信じざるを得ないようにした。

　私はこのような心持ちでいて、半分以上すでに改宗者な気分であったので、私はオックスフォード大学の名前は述べないがある若い紳士と不幸にも仲良くなってしまった。この人は私ほど毅然としてはいないもの、私と同じような宗教的信念を持っていて、そしてどうやって調達したのかはわからないが何冊かのカトリックの書物が彼を持っていたのだ。私はそれらを読み、賞賛し、疑わなかった。つまりモーの司教ボシュエ[21]の二冊の有名な著作『カトリック教理解説』と『プロテスタント変遷史』の英訳版が私の改宗を完全なものとし、私は確かにこの高貴な手の中に落ちたのだ。後に、私はこれらの著作を原文でもっと洞察力を備えた眼で開いてみたが、それでもなお私は、ボシュエは論争におけるあらゆる攻め方の巨匠であると断定することに何ら躊躇しない。巧妙な弁明を述べた『解説』では、雄弁家たるこの人は傑出した技巧を凝らして素直さと簡潔さを装った口調で言葉を発していく。それを聞くとカトリック教会を象徴する十本角の赤い龍という怪物も、彼の魔法のような口ぶりではその怪物を見る人は全てそれを愛さずにはいられない、乳白色の牝鹿へと変貌する。更に同じく大胆でしっかりと狙いを定めて攻撃した『歴史』においては、物語と論証を巧妙に混ぜ合わせながら、我々の最初の改革者たちの誤謬と愚かさ、一貫しなさと矛盾を指摘し、それらの分立（と器用に主張するわけだが）が異端の誤謬を何より表しているものであり、一方でカトリック教会の永遠なる統一こそはいかなる誤謬にも陥らない真実を象徴し確証させるものだと主張する。私の今の実際の気持ちとしては、私は全質変化というものが実際にあったと信じたことが、とても信じられないのだ！だが当時は私の征服者は「これこそ我が肉体」という聖餐の言葉を用いて私を圧迫し、プロテスタントの諸々の宗派の比喩的で中途半端な意味合いしか持たない学理をお互いに衝突させ合うように仕向け、そしてあらゆる自分に対する反論は全能の存在へと解消されていった。

そして私がセント・メアリー教会でアタナシオス信条[22]を朗誦して謙りつつ真実存在の秘蹟に黙従した。

他人の話から半信半疑で信ずることは
そは信仰にあらず、出来損ないの迷信に過ぎぬ
大金を払い小さな利益しか獲得できぬ商人を
我らは悪党また愚者と呼ぶだろう
天とはその契りを破りつつも
万有とは破らないものなぞいるのか?

私は自分の新しい宗教を信仰するや否や、カトリック教徒であると告白することを決心した。若さというものは真摯であり性急なものだ。そして私の熱情が一時的に灼熱したことが一切の俗世的な考慮を超越させたのだった。
迫害の事例に喜んで報復する熱烈なプロテスタントたちは、ローマ・カトリックの権勢が強まったことに非難の怒号を上げるようになった。そしてローマ・カトリックは国王の臣民の多

くを彼らの宗教と忠義から引き離さそうとするので、聖職者やイエズス会士を決して許してはならないと主張している。この時においても、一人のあるいは数人のオックスフォードの大学生の改宗が、このような怒号を当の大学に向けさせた。そして教皇庁の密偵が様々な装いの下に、オックスフォードの大学へと送り込まれていると断定気味に主張されていた。だが私に限定して述べるとすれば、そのような主張は全く正しいものではなく、私が読書経験によって改宗しようと心から決心するまでは、いかなるカトリックの聖職者や一教徒とも接触したことがない、ということを真実と正義を愛する人間として断言する。最近のロンドンへと足を運んだときに、コヴェントト・ガーデンのラッセル通りに住んでいるローマ・カトリック教徒の書店へも赴いたが、その人は私に今ではその名前を忘れたがとある聖職者を紹介してくれた。その人と初めて面会した時、彼はこれ以上の説得は不要であるとすぐに察して、私が改宗するに至った原因とその功徳について問いただして、最後にはカトリック教会の区域に足を踏み入れることを許可した。そして一七五三年六月八日に私は彼の足元で私的ながらも粛々とこれまでの誤謬を拒否することを宣誓した。裕福で名門出身である英国の若者の誘惑は、栄光である一方危険に満ちた行為であった。だが、当時私も十分には意義を理解していなかったその危険な行為を彼は敢然と遂行した。「本人がローマ・カトリック教会に改宗したり、他人にそう仕向けるその罪は（とブラックストンは言う）大逆罪に等しい」。そして時代の人情が例えこの凶悪な法規の適用を妨げたとしても、凶悪性は和らいではいるものの他にも多数の法規があり、それによって聖職者を無期懲役の禁固刑へと定めたり改宗者の資産をその最も近縁な親族に移転させることは依然として可能なのだ。

私の指導者によって是認され父へと送った入念に書いた論争的な手紙では、私がすでに行った行為とそれを正当化する内容が書かれていた。私の父は偏見を有していたり哲学者であったりするわけでもないが、彼の愛情は一人しかいない息子の喪失を嘆いた。そして彼の良識は私が祖国の宗教から奇妙なやり方で逸脱したのに大変驚いた。彼が感情を露わに最初にした時は、本来は分別により抑えて置かなければならない秘密を漏らした。そしてモードリン・カレッジの門は私に対して永久に閉ざされ戻ること叶わなくなった。あれから多数の年月を経て、ギボンという名前がミドルトンの名前と同じくらい悪名高くなると、オックスフォードではこの歴史家は以前「カトリックに変えた」という噂が熱心に囁かれ、私の人間性は一貫していないという非難に晒されることになった。そしてこの悪意ある話題は私の敵たちが大学の主義と私のそれとを区別できたら、容赦なく取り扱われたに違いない。私自身としては、利害を犠牲にして良心を正直に優先させたことに誇りを持っている。私の繊細な精神がチリングワースやベールのように鋭く男らしい判断力を誘惑し詭弁によって混乱させられても、私はそれを何ら恥とは感じない。彼らは後に迷信から目覚め、懐疑主義へと帰着した。

チャールズ一世が英国を統治し、彼自身はカトリックの皇后に統治されていた頃、確かにローマの密偵が宮廷や地方、そしてケンブリッジとオックスフォードの大学双方において上手

く立ち回って活動をし成功していたことは否定できない。その羊の群れの中の一匹、

獰猛な狼が忍び足で
ただ黙々と毎日獲物を貪り食っていく

トリニティ・カレッジの特別研究生である文学修士ウィリアム・チリングワース氏であった。彼は二十八歳という成熟した年齢ながら、オックスフォードからフランドル地方のドエーの英国神学校へと逃亡させられた。明晰なイエズス会士であるフィッシャーと何回か論争し、彼を教育の偏見から眼を覚まさせたかもしれないが、しかし彼は「必ずどこかに誤謬なき裁判官があるはずで、ローマ・カトリック教会はそのような性質を持つ、あるいは持とうとする唯一のキリスト教組織である」という自身の勝ち誇った主張に屈服したに過ぎない。数ヶ月間の短い試みの末にチリングワース氏は再び宗教上の疑問に苦悶するようになった。彼は祖国へと戻り学業を再開し、自分の陥っている誤謬を明らかにして自分の精神を権威と迷信の軛から解放させた。彼の新しい信条は、聖書こそが我々の唯一の裁判官であり、各々有する理性がその唯一の解釈者である、という原則に基づいて築かれた。そして彼はこの原則を『人々のプロテスタ

ントの宗教』というオックスフォードの博士たちを怖気させ、今日でも宗教改革の最も強固な弁護として尊敬されている本（一六三四年）に見事に実証している。この著者の学識、徳性、そして最近の業績は有利な出世をするには十分だったが、すでに己を束縛していた枷から解放されたこの奴隷は、考察すればする英国国教会の三十九箇条に従うことの宣誓を行う気持ちが失せていった。彼はある私的な手紙でこの上なく強烈な言い回しで、彼は自分が地獄に堕ちることを受諾せずにはそれらに従うことはできず、そしてこのような断固たる決意から離れることがあれば自分の友人たちから自分が狂人だったり無神論者であったりすることも甘受する、といった旨を宣言している。この手紙には日付が記載されていないので、この情熱的な忌避と今日にも残っているソールズベリーの記帳内容（私ウィリアム・チリングワースはこれらの諸箇条全てと各々の内容に対し自発的かつ積極的に同意し、その旨に署名することをここに誓約する。一六三八年七月二〇日）との間にどれほどの週や月が経過したかを確証することはできない。だが、ああ！このセラムの名誉参事会員兼尚書院長は自分のした宣誓署名からすぐに逸脱した。彼が三位一体の箇条をより深く検討すればするほど、聖書や初期の教父たちも彼の正統的な信仰を支えることができなくなり、アリウス[23]の教理が真理であるか、少なくとも地獄に堕とされるような異端者ではないと告白せざるをえなかった。この空中の中間地域からの彼の理性の落下は、必然的にソツィニ主義のより堅固な基盤に落ちることだろう。そして真実疑わしい言い伝えと世間の一般的意見を我々が信じるとすれば、彼が恐る恐る行った検討は、最終的には哲学的な無関心に落ち着いたと考えられ得る。だが彼の素直な性分と無垢な心はとても顕著であり、このような表面的な軽薄さは決してチリングワースの評判を汚すようなことはなかった。彼の頻繁な転向は真理に対するあまりに厳密な吟味からくるものであった。彼自身から生まれた疑義は、彼が理性のあらゆる力を駆使して深めていった。そのため彼は自分自身に対してあまりにも厳し過ぎた。これらの勝利に彼は少しの平静と安息しか見出さなかった。そして自分自身の判断力へと再度新しく訴えかけることによりすぐに立ち直った。そのため実際に彼の行った全ての攻撃と退却は、彼が彼自身から改宗したことを示している。

ベールはピレネー山脈の麓にあるフランスの遠隔地方にある田舎のカルヴァン派牧師の息子である。プロテスタントたちは教育の利益を被るため、自分の子供たちをカトリックの大学に入学させたいと考えていた。若いベールも二十二歳でトゥールーズのイエズス会のやり方と主張に誘惑された。彼は十七ヶ月ほど（一六六九年三月一九日～一六七〇年八月一九日）自発的に囚われる形でそのイエズス会の下にいた。この新しい改宗者が両親に宛てて書いたか署名したかの手紙（一六七〇年四月一五日）は、ローマ・カトリックの精神に強く染まっている。だが自然は彼を生み出す際に、彼が自分の好きなように考え、思うように語るように仕向けていた。彼の信仰の敬いは被造物への過度な崇拝によって害され、物理学の研究はもともと我々の感覚の証立てることにより十分すぎるほど反駁できる全質変化は不可能なものだと確証させた。劣勢状態にある宗派に彼が復帰したことは、彼を厳格な法による懲罰対象となる敢然として無私な行動で、すぐにジュネーヴへと逃亡したことが彼を精神的な暴君たちの憤慨から救った。彼らはこの逃げていった獲物がどれほどの価値を有していたかには気づかなかった。もしベールがカトリック教会にそのままいて、そしてその教会の聖職禄を保有し続けたならば、これほど有能な改宗者の才分と幸運は彼の祖国での富と栄誉を切望させたことだろう。だが彼が偽善者として安逸な聖職禄又は司教冠の威厳に見出した幸福は、ロッテルダムへと亡命し貧困に窮しながらも自由な私生活を楽しんだ幸福には劣るものだろう。祖国も保護者も偏見もなく、彼は自由を渇望し自分のペンの労力だけで生計を立てた。彼の膨大にある作品の出来栄えにばらつきがあるのは、自分の生活のため、書店のため、後世のためにとその目的が一貫しなかったことによって説明され弁解される。そしてもし辛辣な批評家が彼の全作品をたった一冊の二つ折版へ凝縮したとしても、シビュラの書物のようにその残骸物はより多くの価値を有することになるだろう。

ロッテルダムの哲学者は荒れ狂う嵐のような宗教運動を冷静に超然として観察した一方、ルイ十四世の迫害や、カルヴァン派の共和主義的な規律や空虚な予言と、彼を時々孤独な隠遁を悩ませた非寛容な怨念については同程度の辛辣さで非難した。当時の論争を吟味しつつ、彼は論争者の主張をお互いに向けさせた。彼はカトリックとプロテスタントとしての武器を交互に振るいながら、権力の道も審問の道も宗教上の真理の確実性を大衆に決してもたらしはしないとし、ただ慣習と教育だけが大衆の信仰の基盤たりうると巧妙に結論づけた。無神論は迷信ほどの害をもたらさないというプルタルコスの逆説は、彼の機知の色調を添えその理論の鋭利さによって十倍の力強さを発揮する。彼の『歴史批判事典』は多数の事実と意見の貯蔵庫ともいうべき作品である。彼はその作品において、諸々の誤った宗教を懐疑主義の天秤にかけ、反対量（もし代数学の単語を使用してもいいのならば）が互いに滅ぼし合うように比較衡量した。彼がこれほど敢然と多数の疑義や反論を集めた驚くべき労力は、彼はつい陽気に自分のことを「雲を払う神ゼウス」と冗談めかして称したほどだった。そしてオ気煥発なポリニャク神父（後の枢機卿）との対話において自ら自分の普遍的ピュロニズム（絶対懐疑主義）[24]を暴露した。「私は（とベールは言った）最も真実的にプロテスタント（抗議者）です。というのも私はあらゆる体系、あらゆる宗派に無差別的に抗議するからです」

もしかすると私が引き起こしたかもしれぬ大学の憤怒は、私の大学における勉学、いやむしろ怠惰に過ごした記録、そしてオックスフォードでの私の滞在を縮めた不幸な出来事を大目に見てくれるだろう。だがこれに対して、私の父は私が滞在する大学と教えを乞う教育の選択を不幸にも誤ってしまったのではないかという意見もあるだろう。あれから四十年経過して、いまではカレッジや大学において多くの改革が実現されている、という主張もされるかもしれない。私としてもウォルドグレイヴ博士よりも活動的で、ウィンチェスター博士よりもまだ尊敬できるような教員がいることを信じたいとは思っている。ほぼ同じ時期の同じ領分に、ベンサムという人物がその格率を採用してその伝記を刊行したバートンの歩みに未だに付き従っていた。確かにこの伝記家は新しい哲学よりもスコラ哲学を好み、またロックよりも論理学教授のブルゲルスディキウスを好んだ。そして彼の伝記で取り扱う主人公も融通効かぬ思い上がった衒学者として登場している。だがこれらの人物たちでさえも、その能力を尺度にすれば、勤勉であり有益な存在であったはずであり、バートンに関していえば彼は自分の生徒たちに自分の知っていることを、いくつかのラテン語とギリシア語、いくつかの倫理学と形而上学を教授し、自分が無知だった言語や学問の領分においてはそれらの適切な教師を生徒たちに紹介したと記録されている。より最近になると、多数の生徒が当時ユニヴァーシティ・カレッジの教員でいまでは民法学教授として有名なサー・ウォルター・スコットの業績と評判に惹かれていた。この紳士と個人的に知り合いだった私は、彼のその能力と学識に正当な敬意を抱いていた。そして彼の歴史に関する講義が文として公に刊行されればとても価値のある論考になると私は考えている。また、ヨークの今の大主教マーカム博士の援助のもと、クライストチャーチでも一層規則的な学科が開設されたと私は聞いたし、この学生が多く通う学校では古典と哲学学問が提案され、実際に学業が行われたようだ。そして学ぶことが義務となり、さらに喜びとなり流行にもなった。その学校を卒業した数人の若い紳士たちは名誉を博し、その名誉が学校にも及んだ。クラレンドン卿の『内乱史』第二部の売り上げの利益はその起草者の意思に基づいて乗馬学校の設立のために当てられ、成功するかはともかくそれによって乗馬という洗練された実技がそこで教えられるに至った。コモン・ローを教授するヴァイナー講座の設立の意義はこれよりも遥かに重大である。上流階級で裕福なイギリス人紳士で行政官になるように生まれて立法者にもなることを望む者にとっては、自分の祖国の法律の知識は第一に重要なものである。だがこの司法を取り扱う講座の創設を重苦しい博士たちは冷淡に迎え、若い生徒たちが今後自分たちの本を読まなくなると不平を漏らしたとされ、そしてその不平を私も実際に聞いた。だがヴァイナー氏の善行は決して無駄なものではなかった。というのもサー・ウィリアム・ブラックストンの優れた「解釈」を生み出したからである。

我が国の大学の制度や主張は、たとえある程度自由がきいても結局は時代の進んでいく潮流に合わせなければならない。そのため理性では克服できなかった色々な偏見も、結局は時間の流れによってゆっくりとだが消滅していった。ジェームズ派の最後の世代はもはやなくなり、「神聖な国王の権利は誤謬を治める」という言葉も今やオックスフォードですら破砕されるに至った。国家制度が王冠の特権を恐れなければならない理由がなくなり、逆に民衆の改革によって害される恐れがある今の時代では、残っているトーリー党の原則は有害どころか有益である。しかしわが国教会の組織の誕生とその性格に由来する固着的な害悪が、今なおその組織に残っているはずである。英国の現代の流行は規律と経済の観点からは決して適切なものとは言えない。そして外国での教育という好ましくない教育方法も、英国の最も高位で最も尊敬するべき権威から近頃推奨されている。さらに一言、ケンブリッジ大学の方は姉妹校のオックスフォード大学に比べて修道院の悪毒に染まる程度が薄く、ハノーヴァー一家への忠誠心もオックスフォード大学よりは早期に見られ、不滅のニュートンの名前と哲学は、彼の母校であるケンブリッジ大学において栄誉を博したことを私としては付け加えておきたい。

第四章　ローザンヌ

私の理性が抑えられるや否や、私の実行により自分の信仰を裏付け、直ちにローマ・カトリック教会の門を潜る決心をした。天の国のためにこの世を犠牲にすることは、告白者としての栄光を有するとみなしても良いはずだと考えた。だが私の思弁的な意見の素直な変更はいかなる意味での敬虔さや熱狂によって燃え盛ったようなものではなく、心情が移ろいやすい若さによって動かされただけであり、この性急な行いの現世的な結果に真剣な重みを置くことはできなかったことは認める必要がある。論争的に入念に書かれた書簡の形で父にこの知らせを送ったわけだが、それは彼を驚愕させ悲嘆せしめた。彼は頑迷な人間でも哲学者でもなかったが、彼の愛情は自分の一人息子を喪失したことを嘆かせ、彼の良識では我が国の宗教から私が奇妙なやり方で離宗したことを理解することも許すこともできなかった。父が私をパトニーにいる彼の友人であるマレット氏の宅へと連れていき、そこで私の精神的な病気を治癒させることができるかもしれぬ新たな教育計画をたて、何かしらの方策を考え出すことにした。とはいえ、この人の哲学は私を治癒させるどころか怒りを湧き起こさせるものであったが。オックスフォードの門は私の帰還に対して閉ざされていたが、英国の至るところで新たな友人たちが私を拐かす可能性があるとし、相当に議論した後にエリオット氏（今はエリオット卿であった）の助言と個人的な経験に基づき、私を数年間スイスのローザンヌへと住まわせることにするという決定が下された。バーゼルに住むスイスの紳士であるフレー氏が旅行の先導の役を引き受けてくれ、七月一九日にロンドンを私たちは去り、ドーヴァーからカレーへと海を渡り、サン＝カンタン、ランス、ラングル、ブザンソンの直線道路沿いにフランスの州を早馬で駆け抜けていき、六月三〇日にローザンヌに到着したらすぐにこの地のカルヴァン派の牧師パヴィヤール氏の家庭において監督される身として委ねられた。

父が最初に見せた不快な表情は私を苦しめたというより驚かせた。彼は反抗的な息子を追放し、縁を切り、相続権も断絶させると脅したが、私は内心密かに、彼がこういった脅迫を実行に移すことはないとして真剣に受け止めなかったし、私の良心上の誇りは私が今演じている名誉ある重要な役割をこのまま演じ続けることを促した。私の精神は早いペースで進んでいく旅や、ヨーロッパ大陸の多種多彩な光景、そして書物や世界について決して疎くはない分別あるフレー氏の礼節によって高まっていて活気付いていた。だがこの人が私をパヴィヤール氏の手に渡して私が新しい住居に落ち着くようになると、私は自分の奇妙で憂鬱な将来の展望について思い巡らすだけの暇ができるようになった。まず私が不満に思ったのは、この地方の言語であるフランス語を知らなかったことにある。私は子供時代フランス語の文法を勉強したことがあり、自分にとって親しみのある題目についての簡単な散文なら不完全ながらも理解はできた。

だがこうして外国に突然放り出されることになると、自分の話す能力と聴く能力が奪われたことに気づき、数週間の間は会話の楽しみを味わうどころか、日常のごく平凡なやりとりにおける質問や返答をすることもできなかった。純粋な英国人である私にとってはあらゆる事柄、あらゆる慣習が私を苛立たせたが、母国とするのがどこの国の人間でもここの住居と娯楽の一般的な概観に関して嫌気が差したかもしれない。牧師の妻パヴィヤール夫人がこの家庭の家計を管理していた。私は彼女について怒りを込めずにできる限り客観的に書くのだが、身も蓋もないことを言って仕舞えば彼女は醜く、不潔であり、傲慢であり、意地悪で貪欲であった。十二時の昼食と七時の夕食を摂るのは不便と言える習慣なのに、恣意的にそう設定された。若い男の食欲は、たとえ出される食べ物とその調理方法の劣悪さには我慢しても、日々の食事のあの乏しい量ではとても満たされるようなものではなく、さらに八日連続で食卓に毎回毎回同じ布がかけられていて、その光景に私が気分を害されたのは何も視覚要素だけではなかった。このようにして私はモードリン・カレッジの優雅な住まいから、貧弱な街の最も人の往来がなく、狭く薄暗い通りにある不便な古い家で、雑に作られて家具も雑に備え付けられた部屋に住むことになって、冬が近づいても心地よい暖炉ではなくストーヴの目に見えぬぬるい熱で身を温めるしかなかった。一人の大人から私はまたもや親に依存する小学生へと戻されてしまったのだ。パヴィヤール氏がわずかな金額の出費しか許されなかった私の財産を管理し、小遣いとして毎月少額もらった。そして私はもともと不器用で不自由であったのに、私にとって欠かせない使用人の便宜も取り上げられた。私の状態は喜びが欠如するのと同様に希望も無くなったも同然であった。私がこうして隔離された期間はいつまで続くのやら分からず、あたかも永久にわが祖国から切り離された感じであった。そしてカトリックの友人たちとの繋がりも全て途絶えてしまった。後になって、ヨーロッパ全土にいるローマ・カトリックの聖職者が互いに緊密に連絡を取り合っているのに、手紙にしろ伝言にしろいかなる形でも私を異端者たちの手から救い出そうと試みることはなく、少なくとも私の信仰の忠実さがどれほど強くどれほど保てるかも確認しようとするかを試みることとすらなかったのに驚いた。これが私が初めてローザンヌに来たときの最初の心持ちであった。とはいえここでの五年間の滞在は私にとって喜びがあり有益なものであって、その後も強制されるのではなくここを訪れ、私の人生の老後として最も素晴らしい隠居地として最終的にここを選んだ。

しかし最も不快な対象や事柄も、当人にとって深く永続するような印象を残さないのは若者にとって奇妙ではあるが幸福である。十六歳という感受性豊かな年齢において、やがてこの新たな慣習を忍耐強く耐えて次第に身につけていった。私の置かれている状況、住んでいる家、食卓や家を取り仕切っている意地悪な夫人からくる嫌悪感も時の経過とともに和らいでいき、そしてこの粗野で乏しい食事も私の肉体的な成長において負うところがあったのかもしれない。もしも私が父の提供した財産その他諸々の援助でもっと華麗な形で海外へと赴いたら、私は他の英国民と同じような言語と学問的知識をヨーロッパ大陸から身につけて持ち帰ってきたかもしれなかった。実際のところ私は追放者であり囚人でもあったので、彼らを真似て飲酒や芝居やだらけた遠出に耽ったこともあったが、彼らと同等な立場で交際するのは不可能なことだと見てとり、私の最初の知り合いが去った後は、残りの知り合いとは冷淡な儀礼上のやりとりしかしなくなった。イギリス社会からのこのような隔離は、最も確固たる利益を伴った。ヴォー地方においてはフランス本国の田舎の州よりも誤りの少ないフランス語で話されていたので、パヴィヤール家では必要によって私はそのフランス語を聞き取り話すように駆り立てられた。そして最初のうちはフランス語の上達がなかなか進まず落胆したものだったが、数ヶ月もすれば自分の早々とした上達に我ながら驚いたのだった。私の発音の正確さは同じ音声を絶えず繰り返して行うことにより獲得され、また単語や熟語、文法の規則正しさや名詞の性別も記憶に留められた。繰り返しの実践練習によりフランス語の流暢さや闊達さが身についていき、努力によって正確さや優雅さも身についていった。そして私が祖国へと帰る頃には、私の耳、舌、そしてペンには英語よりもフランス語の方が馴染むと無意識的に思うようになった。

この知識の開発の最初の効果は、オックスフォードで冷めていた読書欲を再び燃え上がらせ、そして私の教師の書斎にあったフランス語の本を片端からほとんど全て読み漁っていた。これらの漫然とした読書によってすらも実質的な効用がもたらされたのだった。私の嗜好と判断力は以前に比べ幾分か熟した。私は新たな様式の文体と作品に引き込まれ、風俗と意見を比較することにより私の視野は拡大し、偏見は矯正され、ル・シュウールの『教会と帝国の歴史』からの豊富で自発的な抜粋は私の子供じみた研究と大人としての研究を区分けする境界線として位置づけてもいいかもしれない。私は地元の人と会話ができるようになると、彼らとの付き合いにおいて何かしらの満足かを感じ始めた。私のぎこちない引っ込み思案な性格は磨かれ度胸が着くようになり、初めて成人男女との集まりに加わるようになった。パヴィヤールと知り合ったことにより、私はより優雅な交際をできるようになり、ローザンヌの最も名家とされる家族にも親切さと寛容さによって迎え入れられ、こう言った色々な家庭での交際のうちの一つにおいて私は愛すべき性分で優れた知性を有している若き紳士デヴェルダン氏との親密でその後も続いていく関係を築くことになった。フェンシングや舞踏の技術において私は稚拙な腕前で、乗馬学校では数ヶ月ほどの貴重な時間を無駄に過ごしてしまったことがある。肉体的な運動に対する私の不適正は私を室内の生活に落ち着かせ、我が国の男性が十八番とする馬の扱いに関していえば、私の若さの楽しみになんら貢献しなかった。

パヴィヤール氏から受けた授業の恩義に関しては、私は感謝をもっと決して忘れはしない。だが正直にいえば、この最良の教師は彼自身は才分や学識において必ずしも卓越していたというわけではない。彼のあるがままの才能ですら世間からの評価は決して高いものではなかった。彼の多少の世間知らずな性格により他人からしばしばつけ込まれることもあったし、説教壇における彼の下手な話と記憶力のなさは、彼の牧師としての職務で達成すべき最も必要な要素を持っていなく不適格にさせた。とはいえ彼は明晰さを持っていて、また温かい心も持っていた。

彼の生まれつきの博愛心は教会の精神を和らげていた。彼は謙虚であるが故に合理的であった。彼は学習過程において、ほとんどの文芸分野において浅いとはいえ正確な知識を獲得し、長年の実践経験によってうまく教える技術を身につけていた。そして彼は自分の英国人の生徒の性格を掴み、好かれ、心を開かせるためのコツを掴むため辛抱強く努力した。我々が互いに理解し合うようになると、すぐに彼は私を教えの道へと案内した。朝の時間の一部分を現代史と地理、そしてフランスとラテン語の重要な古典の読解に充てるという計画に私は喜んで同意した。そして勤勉と学習様式が習慣になり一歩一歩私は自分が活気付いていくのが感じられた。哲学の原理は好みの手本と連関され、また奇妙な偶然により私の教育に最も大きな影響を及ぼした書物と人間に対し、私は感嘆以上に感謝の気持ちを強く抱くのである。ベールとポープの敵対者であるド・クルーザ氏は鮮明な空想力と深遠な考察によって卓越していたというわけではなく、彼の祖国においても数年もしないうちにほぼ忘れ去られた。だが彼の哲学はロックの学派に属して形成されて、彼の神学はリンボルク[25]とル・クレール[26]のそれにおいて形成された。彼の長く努力し続けた人生で何世代にもわたって生徒たちが考えたり書くことを教えられた。彼の教育はローザンヌのアカデミアをカルヴァン派の偏見から自由にさせ、ヴォー地方の聖職者と大衆との間により自由な風潮を浸透させてゆく類まれな業績を上げた。彼の『論理学体系』では、その最後の版では六巻にわたる退屈で冗長な代物までに膨れ上がったが、それでも我々の単純な観念から人間知性の最も複雑な機能に至る推論技術の、明晰かつ方法的な要約に成功した作品として賞賛しても良かろう。私はこの体型を研究し、自省し、消化していって、私のカトリック信仰に応用しようと考えて、普遍的な道具としてそれを自由に使いこなしていくようになった。

パヴィヤールは彼の最初の課題、最も重要な義務というべき私をカトリックの誤謬から引き離すことをいっときも忘れなかった。色々な宗派が入り混じったことによりスイスの聖職者たちは論争の主題に関しては鋭利で博学になっていた。そして私は、彼が論争相手を攻撃する際の巧妙さ、器用さと頑固で入念な反論を私にされても結局彼に次第に譲歩していったことを彼が自画自賛気味に書いた手紙を持っている。私は自分が改宗したことの栄誉についての相応の恩義を認めたいし事実今認めているが、だがその改宗はどちらかという私の個人的な自省に基づいたとしなければならず、今でも私が全質変化の教えを否定する哲学的な論証を発見した時に感じた孤独な興奮を忘れない。つまり聖書は全質変化を説いているように思えるが、実際はその原文が我々の視覚という感覚の一つだけで裏付けられているのに、この現実存在それ自体は視覚と触覚と味覚という三つの感覚によって否定されることになる。ローマ教会の信条の様々な箇条はこれにより夢の如く消えていって、十分なほど確証を得た後、私は一七五四年のクリスマスにローザンヌの教会で聖餐を受けた。この土地で、私は自身の宗教的な探究をやめて、カトリックとプロテスタントの普遍的な合意により採用される教えと秘蹟を黙従的に受容した。

以上は私がローザンヌに到着してからの最初の十八あるいは二十ヶ月間（一七五三年七月〜一七五五年三月）で生じた私の有益な学習であり、その学習はそれ以後の私の成長の基礎となったものである。だが文学の仕事に携わる人の人生は、その生涯において自分の翼を羽ばたかせ自分の適切な高さまで飛翔する時期があり、そんな彼の教育の最も重要な部分は、彼が自分でそれを施すことである。私の価値ある教員は、彼が私を指導するにあたってどこまでの地点まで導くべきかを見分けるだけの良識と謙虚さを持っていた。私が彼の歩く速さと能力を超えて前進したことを実感するや否や、賢明にも私の才分に委ねるべく放任した。そして朝の授業時間全部、時には昼以降の時間までも、自習に充てられることになった。勉強時間を引き伸ばそうという私の欲望により私は早起きするようになったが、それが健康な習慣として定着し、時期や状況により臨機応変に対応しつつもその習慣を守っている。しかし私の節度ある勤勉さが決して夜中にまで及ぶような気持ちを抱かなかったのは、私の視力と健康にとってありがたいことだった。ローザンヌに滞在した最後の三年間は、真剣で揺るがぬ学業に身を注いだことに誇りを持っていいだろうが、特に一七五五年の最後の八ヶ月間を最も異常なほどの勤勉さと大きな進捗があったことを特に強調して述べたいと考えている。フランス語とラテン語の翻訳において私はある優れた手法を取り入れたが、それが私に成功をもたらしたので学生諸君も真似てみるのを勧めたい。私はいくつかの古典作家、例えばキケローやヴェルトー[27]のような文体の純粋さや優雅さが最も認められている作家を選んだ。例えば、私はキケローの手紙をフランス語に翻訳したが、それらの単語やフレーズが私の記憶から消え去るまで放置し、その後に自分が翻訳したフランス語を再度ラテン語に私なりに翻訳して、そして私の不出来なラテン語とローマの雄弁家による円滑で優雅なラテン語と比較した。同じような類の実験はヴェルトーの『革命』の何ページかでも行った。その作品のフランス語をラテン語へと翻訳して、相応の合間を経てから私なりのフランス語へと再度翻訳して、模倣と原典のフランス語の類似性と差異を吟味した。次第に私の自分の手腕に恥ずかしさを抱くことがなくなり、自分の文章に自信を持つようになった。私がこういった二重の翻訳練習を繰り返していくうちにそれが数冊の本にもなり、私は二つの言語の言い回しと少なくとも正しい文体を駆使する能力を獲得した。

この有益な作文練習は最良の作家の作品を読むというより楽しい仕事と一緒に行われていった。私が当時過大評価していたミドルトン博士の『伝記』を読んでいて、必然的に私はキケローの著作群へと導かれた。最も完全な版である裕福な人間なら棚に入れて飾るだろうオリヴェ版も、学識ある人間なら机の上におくべきエルネスティ版も、どちらも私は調達することができなかった。私は身近な手紙についてはロス主教の原文と英語の注釈を利用したが、私が普段使っている版は、アムステルダムで刊行された多くの註がついた二つ折版の分厚い二巻のフェルブルフ版であった。私は楽しみつつ勤勉に「全ての」手紙、「全ての」弁論そして修辞学と哲学に関する重要な論考を読んだ。そして読んでいくにつれ、「このローマの弁論家を読むことにより得られる満足感に応じて各々の生徒は自己の能力を判定すべし」というクィンティリアヌスの批評に出会い賞賛した。ラテン語におけるキケローとギリシア語におけるクセノフォンは間違いなく私が教養ある学生に強く推したい二人の古典作家であり、それは単に彼らの文体と感性の業績を鑑みただけではなく、公私の生活におけるあらゆる状況でその驚嘆すべき教訓が適用されるからである。キケローの手紙は、優しさや友情を何気なく述べたり、分別や威厳を有する憤慨を周到に表明するといったコミュニケーションのあらゆる形式における範例が見出せるのだ。

この雄弁で合理的な宝庫とでも言うべき偉大な作家を読み終えた後、ラテン語の古典を以下の四つに区分けしてより広く読破していこうという計画を立てた。つまり一. 歴史、二. 詩、三. 弁論、四. 哲学の四つを、プラウトゥスとサルスティウスの試合からローマの言語と帝国が衰退していく時期までの作品である。そしてこの計画をローザンヌに滞在していた最後の二十七ヶ月（一七五六年一月〜一七五八年四月）間でほぼ成就した。この読破作業は迅速ではあったが、決して性急でも表面的でもなかった。私はテレンティウス、ウェルギリウス、ホラティウス、タキトゥスらを二回、場合によっては三回通読し、私の精神と感性と最も同調できる部分を吸収しようと励んだ。譬え文章が難解であったりテクストが損なわれていたとしても、それを決して読み飛ばすようなことはせず、あらゆる方面からの解釈をできる限り行った。大抵は失望したものではあったが、ホラティウスに関してはトレンティウスとダシエ、ウェルギリウスに関してはカトルーとセルヴィウス、タキトゥスに関してはリプシウス、オヴィディウスに関してはメジリアクという具合に、独創的な註釈家の中でも最も学識ある人による著作を参考とし、情熱的な探究心を以て広範囲に及ぶ歴史批評に関する研究文献を手に取っていった。各々の文献から色々と引用していくのはフランス語において行った。私の考察はしばしば各々のエッセイへと拡大していき、今でもなお私はウェルギリウスの『農耕詩』の第四歌の第八行（一八七～一九四）について論考した二つ折版八ページを今でもそれほどは軽蔑せずに読むことができる。私の友人で今後も繰り返し言及されるデヴェルダン氏も、私と同じ程度の辛抱強さはなかったとしてもやはり同じ程度の熱意を持ってこの試みに参加してくれた。彼に私の考えと作文を全て伝え、一緒に学んでいるこの領分に関して自由な対話を行いその益するところを享受した。

しかし多少なりとも活発な好奇心を持っている精神にとっては、ラテン語を学び続けていると、その言語の主人として仰ぎその学びと模倣が熱心に推奨されるギリシア語原典についても学びたいという欲望を抱かずにはいられない。

諸君らはギリシアを規範とし
夜も昼もそれを手に取り学び励むべし

今になって私は人生のもっと幼い年齢に病と怠惰によって、或いはより怠惰な読書によって無駄にされた時間を惜しむようになり、最初は母国語を学べば簡単にしかもわかりやすく母国語の派生言語の源泉と語源に遡れるかもしれないのに、そうはせずに逆をするひねくれた教え方をする学校教師に対して非難したい気持ちになった。私が十九歳の時に、この教育から受けた欠陥を補おうとし、パヴィヤールの授業は再びギリシア語のアルファベット文字の文法とフランス語的なアクセントに則った発音に関する学習にさしたる困難なく入っていけるように私を導いてくれた。とはいえ彼の学識は聖職者の身分として蓄積したものに限定されていたので、我々がギリシア語で最初に手にしたのは「ヨハネによる福音書」ということになった。そしてもし私がこのヘレニズム時代のユダヤ人の崩れた方言に執着することの不合理さを指摘しなかったならば、おそらく我々はこのまま新約聖書全体を読み続けていっただろう。私の熱心な要望によって、『イリアス』も取り上げてみることにした。そして今までは私はホメロスを英語という衣装を通して感嘆してきたが、今や朧げに鏡を覗き込むようにだがその真の姿を玩読する喜びを享受することになったのだ。自己の能力が十分な水準に達していないのを自覚した私の教師は私を自習で学ぶという形で放任し、私は『イリアス』の半分を読み通すと、クセノフォンとヘロドトスの大部分を今度は解釈していった。だが助けと競争相手の欠けた私の情熱はやがて冷却していき、辞書を引いて単語を調べていくという不毛な作業をやめて、再びヴェルギリウスやタキトゥスとの自由で親密な対話へと向かった。だが私のローザンヌでの滞在では後年の都合の良い時期にギリシア文学を研究していくことを可能にした堅固な基礎をここで築いたことは確かである。

私の父は数学という抽象的な学問の有益性について盲目的に信じ切っていたために、私が数学を学ぶのに数時間ほど身を捧げるのを強く望みお願いすらしたので、私はこのような理にかなった要請に従うのを拒絶することができなかった。私は冬に二年間トレトランス氏の個人授業を受けて、彼の説明は代数学と幾何学の初級から始まり、ロピタル侯の円錐曲線までに及び、私の勤勉性と前進に満足したようだった。だが私の幼い頃にあった数字や計算に対する興味はもはや完全になくなっていて、私はこの教師の授業を受動的に受けるだけで満足し、何か積極的に学び、研鑽していくようなことはなかった。私がこの原原理を理解してしまうと、私は数学の探究はこれ以後一切やらなかった。私は人々の生活における行動と意見を決定するはずの道徳的な根拠という繊細な感性を、厳密な証明を慣習とするこの学問が粉砕しかねず、それを私の精神性が熟する前に放棄したことを私は全く後悔しない。

むしろ私は相応の学識と評判を有するヴィガ教授がローザンヌのアカデミアで教えていた自然法と国際法を勉強してみてはどうだろう、という意見の方に喜んで耳を傾けた。だが彼の私的な或いは公的な講義に出席する代わりに、自分の部屋で彼の師匠や自分の理性の教えを乞うことを好んだ。私はグロティウスの衒学やプフェンドルフの冗漫さも気にせず彼らの著作から人としての義務、市民の権利、正義の理論（悲しいことだが、それは所詮理論に過ぎぬ）そして今の時代のヨーロッパの慣習に影響を幾ばくか及ぼした戦争と平和に法律等を学んでいった。その学業の際に感じる私の疲労を註釈者であるパルベラクの良識が軽減してくれた。経験よりは理性に根ざしているホイッグ主義の原理を理解するにあたってジョン・ロックの『統治論』が助けとなった。だが、私の喜びは何よりモンテスキューを何度も通読していくことに基づいた。彼の文体の活力と仮説の大胆さは時代の天才性を覚醒し刺激するだけの力を秘めていたと思う。ド・クルーザの『論理学』は彼の師匠ロックと彼の敵対者ベールの著作を併読させる結果となり、このうち前者は若き哲学者の情熱の抑制装置として、後者は刺激装置としての効力を持っていたかもしれない。彼らの各々の著作の性質に応じて、主張と反駁の教室として『人間知性論』を丁寧に読んでいき、また『哲学辞典』の中で特に興味深い項目をしばしば参照した。私の理性がまだ幼い頃、なんとなくの気持ちで最も真剣で重要な論考を手にしてみたことがある。理性が成熟した今では、最も瑣末な作品でさえも私の嗜好と判断力を鍛えるのに役立つ。そして小説を読んでいると私は深く教訓的な思索の筋道を辿るようになったことが一度や二度ではない。

だが私は特定の三作品について言及せずにはいられない。というのもそれが間接的にせよローマ帝国の歴史家として熟達したことに貢献しているからである。

一．パスカルの『プロヴァンシアル』は、私は常に新しい喜びを感じながらほぼ毎年読む。

そしてこの作品によって厳粛な教会の話題についても、それを適度だが荘重な皮肉な理論を武器として扱う術を身につけた。

二．ラ・ブレトリ神父の『ユリアヌス伝』が私をこの人物とその時代に案内してくれた。エルサレムの神殿の再建を停止させた奇蹟の真実性について論じた私の最初の論文をまた手に取ってみることができたら、嬉しいことだろう。

三．私はジャンノネの『ナポリ社会史』で、聖職者の支配体制の進捗とその濫用、そして暗黒時代におけるイタリアの革命について私は批判的な目で探究していった。

これらの多様な読書は今では手際よく自由に行うようになり、その成果がロックの教えと手本に倣って大型の備忘録にまとめられた。だがこのような実践を私は強く推薦しようとは思わない。確かにペンを動かして記述していくことは間違いなく紙の上だけでなく心の中にも銘記するだろうが、私としてこの骨の折れるやり方で得られる要素は、結局それに注ぐだけの時間に釣り合うかどうか甚だ疑問に思うのである。そして私はジョンソン博士の『アイドラー』における「反復して二度読まれた文章は通常筆記されたものよりもはるかに記憶に残るものだ」という言葉に同意しなければならない。

一日或いは一週間の子供っぽい遠足を除外するならば、私は二年間ずっとローザンヌに住み着いていた。だが三年目の夏の終わりに、私の父は私がパヴィヤールと一緒にスイスをめぐる旅に出かけるのに同意し、ローザンヌに不在だった一ヶ月というその短い期間（一七五五年九月二一日〜一〇月二二日）は私の勤勉な学業研究の報酬と休息であった。山を登ったり氷河を眺めたりすることは、自然の荘厳な美を求める外国人旅行者に対してはまだ導入されていなかった。だがこの国の政治的な面は「わずかな」人による嫉妬深い統治から「多数」の人による無法な自由による多種多様な共和国の形態と精神により相当に多様化していた。私は人々とその風俗の新たな側面を喜びを以て考察した。原住民との対話はもし私がフランス語同様にドイツ語も話せたならもっと自由に有益なものとなっていただろう。我々はスイスの主要都市、つまりヌシャテル、ビエンヌ、ソルール、アーラウ、バーデン、チューリッヒ、バーゼル、ベルン等をあらかた巡遊した。そしてどの街でも教会、兵器庫、図書館そして著名な人物たちを訪問した。そして私が帰国すると、私がこの旅行に関することをフランス語の日記の十四、十五枚の紙にまとめ上げて、私の旅行で過ごした時間と父の懐から出した出費が無駄ではなかったことの証拠として父に送った。もしこの日記を彼の書類の中で発見できたなら、その一部の文章を紹介したいとは思うが、すでに刊行されている内容なので、記述するのはやめておくとしよう。私の心に非常に深く印象に残った著名な場所を一箇所述べておけば十分かもしれない。私はチューリッヒから敬虔心ではなく好奇心に基づきアインジーデルンの「我らの隠者たちの聖母」の名前で一層知られているベネディクト派修道院へと巡礼していった。私はヨーロッパの最も貧しい僻地に富の贅沢な誇示を見出して驚愕した。森や山の荒涼な風景の中で、魔法によって建設されたかのような宮殿が見受けられた。そして「実際に」それは宗教という強力な魔法によって作られていたのだった。聖地巡礼者や信徒の群れが祭壇の前で跪いていたのだ。神の母なる呼称と礼拝が私の怒りを呼び起こし、この迷信の生々しく露骨な表象は、ここと同じ場所でツヴィングリが感じたのと同じく教会の改革のための最も胸に迫るような主張を思い起こさせたのだった。スイス巡回の二年後、私はジュネーヴで有益で快適な一ヶ月を過ごしたが、この遠征とヴォー地方でのいくつかの短い訪問はローザンヌにおける自室に籠った私の学業研究の専心を中断させるには至らなかった。

私の向上心の意欲と学業がローザンヌで停滞していた状況により、今まで個人的な助言を乞う機会がなかった数人の学識のある人と文学的な分かち合いを求める気持ちを促した。

一．リヴィウス（第三十巻、第四四節）を読みにあたって、ハンニバルの演説の場面に来ると、その内容が彼の性格と論証とはどう頑張っても一致しないことがあってそこで読み留まったことがある。注釈者たちもそこに困惑していて、それを隠蔽するか正直に告白したが、私は演説にある単語 Odio ではなく Otio へと変更でき、それによって内容が明晰で首尾一貫したものになるのではないかとふと思った。だが私のこの修正を私自身よりも遥かに客観的な秤に乗せたいと思った。私はちょうどリヴィウスの価値ある大型版を出版したばかりで、ロランの後任者でパリの大学教授のクレヴェエ氏に手紙を出した。彼はすぐに返事を丁寧な形で返してくれた。彼は私の才分を称え私が今も容易で巧妙だと自負している推案を受け入れてくれた。

二．私は最初匿名で、後になって自分の実名を使って七十人訳聖書の学識ある編集者であるチューリッヒのブライティンガ教授にラテン語の手紙でやりとりしていた。頻繁にやりとりをしていたが、古代期の多くの問題やラテン語古典の多くの文章に関して色々議論した。私は私なりの解釈と修正案を提出したが、私の大胆な推測を一切容赦しなかった彼の叱責はとても辛辣で強烈なものであった。だが私はこれほど卓越した立場にあり学識豊かな批評家と対等の立場で自由に議論を交わせることは、私の持つ力量の証左として励まされた。

三. 私は同様の題目に関してゲッティンゲン大学にいる著名なマテウス・ゲスナー教授とも手紙を交わし、彼も前二人の学者と同様に無名の若者の提案を丁重に迎え入れてくれた。だが彼の能力は衰えていたようで、彼の手紙は入念ながらも筆跡は弱々しく内容も冗長であった。そして私の提案に対する彼の意見を聞くと、この見栄っ張りな老人は自分の称号や職位を馬鹿馬鹿しく列挙して一枚の紙の半分を満たしていったのだ。

四. これらパリ、チューリッヒ、ゲッティンゲンの各々の教授は私がその名前の権威を宛てにして手紙を送った見知らぬ人であったが、ベックスの牧師アラマン氏は私の個人的な友人であり前の教授たちに比べてもっと自由闊達で有益なやりとりを手紙で交わしていた。彼は言語、学問、そして何より議論においての名手であった。そして彼の鋭く柔軟な理論はあらゆる題目に関する相反する主張を同程度の巧妙さと公平さで擁護することができた。彼の精神は活発であったが、一方文才は不活発になっていた。アラマン氏は、公的な礼拝は国家の排外的な権利であり義務でもあり非国教徒や反徒らによる大規模な集会は法律または福音書によって権威づけられない、と力を込めて説いた匿名の手紙（一七四五）を公に出したことにより、フランスのプロテスタントたちから怒りと非難を浴びさせられていた。彼の文体は活気を帯びていて、主張内容も尤もらしいものだ。もしプロテスタントの仮面の下に教皇主義者が潜んでいるように見えるなら、教皇主義者の扮装には哲学者が隠れている、と言えるだろう。彼はフランスとオランダで幾度か試みをしてその性格と富のために失敗に終わった後、世界を啓蒙した、あるいは欺いたであろう彼の天分は名声もなく人類に不満を抱きつつ地方の田舎生活へと埋没していった。「彼は慎ましき田舎牧師であり農夫たちを欺く者なり」（Est sacrificulus in pago et rusticos decipit）。彼が私的あるいは教会の仕事でローザンヌに赴くときは、私は彼との会話の喜びと有益さを享受し、互いへの敬意の念を表して気をよくした。彼がローザンヌを離れている時の手紙のやりとりでは、ロックの形而上学の主張を主な題目として述べ合い、彼がロックの観念の起源や名証性の原理や自由な教義に関する主張を攻撃する一方、私は擁護した。

出口は見当たらず、ただ迷宮を迷子のまま彷徨った。（ミルトン『失楽園』）

私はこのような卓越した名人と議論し合い、哲学的な武器を駆使するにあたっての器用さを幾分かは獲得した。だが私はそれでも教育と偏見の奴隷であった。これに対して彼は多少手心を加え、彼の内面に隠れていた懐疑主義の本分を決して私に見せなかったものと私は強く考えている。

スイスから呼び戻される前に、私は当時の最も傑出していた詩人、歴史家、哲学者として多様で大部分が傑出していてどれもが読んで楽しい散文や詩の全集四つ折版三十巻分生み出した人物と会う満足を味わった。ヴォルテールだということは読者諸君にとっては言うまでもないことだろう。彼の不品行で当時の最も偉大な国王であるフリードリヒ二世との友情が途切れた後、六十歳の時に裕福な財産を抱えて自由で美しい地方へと隠居し、冬の二年間（一七五七〜一七五八）をローザンヌの街かその近郊で暮らした。私は当時その実際の人物よりも過大評価していてヴォルテールに会いたいと熱望していたが、簡単に叶えられた。彼は礼節をもって私を一人の英国の若者として受け入れてくれた。だがだからといって私は何か特別な厚遇を受けたり栄誉なことを誇ることができるわけではない。「私は単にウェルギリウスを見たのみ」(Virgilum vidi tantum)。彼がレマン湖の畔に初めて来た時に作詞した頌歌の一行

おおアリスティポスの家よ、エピクロスの園よ！

が私に紹介された紳士に内密に知らされた。そして彼は私に二度読誦することを許し、暗記していた。当時は私の分別は私の記憶力ほどには成熟していなかったので、その歌の作詞者はその詩を他人に伝えたことを知り不快に思った。この些細な逸話を書きつつ、私の記憶力がその後衰えたかどうか確かめてみたかったが、その頌歌の行が全部鮮明で欠けることのない文字が私の脳裏に刻印されているのを自分で見出し、満足を覚えた。

ローザンヌに滞在したヴォルテールにより得られた最高峰の喜びは、この大詩人が舞台上で自分の作品の朗読を行うという普通では体験できないことを経験したことであった。彼は才能がなくはない紳士淑女の一団を引き連れて、郊外の端にモンルポなる魅力的な劇場が作られていた。俳優たちは自前で衣装や劇道具を調達し、この作家は父性愛に基づいた情熱と注意によって下稽古を監督した。冬が二年間続けて、彼の悲劇である『ザイル』『アルジル』や『ズリメ』、そして感情喜劇である『放蕩息子』がモンルポ劇場で上演されたが、一方で嫉妬深いこの詩人はラシーヌの『イフゲェニィ』の上演を不機嫌に嫌々ながら許可した。本来若くて美しい女性が演じる人物を太った醜い姪であるドニ夫人により歪められ、彼女は我が国の敬愛すべきプリチャド夫人のように観客から彼女の年齢や容姿を感じさせないようにすることはできなかった。ヴォルテール自身はリュジニアン、アルヴァレス、ブナサル、ユフェモン等の彼自身の年齢に即した最も適切な役を自分に割り当てていた。彼の朗読は一昔前の壮麗さとリズムに則っていて、自然な感情よりも詩の情熱を表現した。これに対する私の情熱はどんどん燃え盛っていき、ほぼ毎回入場券を購入した。この習慣化した娯楽はフランス演劇に対する私の好みをより強固なものとした。英国人としては幼い頃第一の義務としてシェイクスピアの巨才が教え込まれるのだが、その崇拝の念もこのフランス演劇の好みにより減退された。ヴォルテールの機知と哲学、彼の食卓と劇はローザンヌの風俗を目に見えて洗練化させていき、私がどれほど自分の学業研究に没頭していようとも、ここの社会の娯楽も味わったのだった。モンルポ劇場の上演が終わった後は演じた俳優たちと一緒に食事をし、その一部の人たちと仲良くなり、彼らの多くの家庭に私を迎え入れてくれた。私の夜の時間は私的な社交あるいは公の集まりでのカード遊びや会話に通常捧げられた。

私は自分の初恋という繊細な題目について述べると馬鹿にされるのではないかと思いその話をするのを躊躇う。この恋という単語の意味するのは騎士道精神に由来する希望も目的もなくフランスの風俗において織り込まれている慇懃さなどではない。また、創造主によって造られた全ての動物において植え付けられているゆえに、あの我々の誇りが軽蔑しがちないやらしい欲望に限定しようとも思わない。「愛は万物において同じなり」（Amor omnibus idem）。第六感の発見、大人になることに関する最初の自覚は我々の人生において最も興味深い瞬間である。だがそれは個人の回想録というより人類の種に関する自然史に属するものである。この情念に関しては、ある一人の女性を他の女性よりも好むことにより燃え盛らせ、自分の存在において彼女を所有することが極度なあるいは唯一の幸福とみなすような欲望と友情と優しさの結合である。私は自分が選択した相手を思い出して顔を赤らめる必要は何もないし、そして私の愛は失敗に終わったけれども私があのような純粋で恍惚とした感情を抱くことができないことをむしろ誇りに思っている。シュザンヌ・キュルショ嬢の個人的な魅力は、彼女の徳性と才分によりより際立った。彼女の財産は乏しかったが、彼女の一家は尊敬に値するものだった。フランスを祖国とする彼女の母は祖国よりも宗教を優先した。彼女の父の職業は彼の生まれつき性分である穏やかさと哲学的な性質を堕することはなく、彼はヴォー地方をブルゴーニュ州から隔てる山脈地方のクラシーという土地での牧師という世に目立たぬ境遇を安い給料だが忙しくこなしながら、満足に暮らした。彼はこの辺鄙な村の孤独の中で、自分の唯一の娘に対して物惜しみなくレベルの高い教育を施した。彼女は学問と語学の才能を以て父の期待を大きく上回った。そして彼女がローザンヌを短い時間の内に二、三の親戚を訪問した際は、その才分と美貌と学識により周囲の者から称賛された。このような神童性が私の好奇心を湧き起こした。私は彼女を見て惚れ込んだ。彼女は学識豊かながらもそれを衒うことはないのを私は見出し、会話も活発で、感情も純粋で、振る舞いも優雅であった。この一目惚れの感情は、より親密になったことによる習慣と知識でより強固なものとなった。彼女は私が彼女の父の家を二、三回訪問することを許してくれ、私はブルゴーニュの山脈地方で数日間幸せな日々を過ごした。そして彼女の両親は自分たちの娘を貧困と依存から解放するかもしれぬ結婚について高潔に奨励してくれた。平静な隠遁では、この若い女性の陽気な虚栄心はその胸ではためくことはもはやなく、彼女は真実と情熱の声に耳を傾けた。そして私はこの徳のある心に何かしらの印象を与えたという希望を抱いた。

私はクラシーとローザンヌで幸福の境地に微睡んだ。だが英国に戻ったとき、私の父はこの奇妙な婚姻関係に決して耳を貸そうともしないのを発見し、彼の同意なくしては私は無一文でどうにもならぬことを発見した。辛い抵抗をした後は、私の運命に屈服した。彼女の不在と時の経過が長期的には私を立ち直らせ、私の恋愛は友情と尊敬の念へと沈静していった。クラシーの牧師はその後すぐに逝去し、彼の給料も無くなってしまった。彼の娘はジュネーヴへと引っ込み、そこで若い女性を教えながら彼女自身と母のための生活費を稼いだが、収入は乏しかった。だが彼女は最も厳しい状況にあってもなお、汚れのない評判と威厳のある振る舞いを絶やさなかった。グラフトン公爵夫人（今はオリソ夫人）は私に対して、自分が幾度となくキュルショ嬢を自分の家庭教師として雇おうとしたが彼女が誰かに隷属するのを拒んだ時、彼女の思慮の浅い友人たちから非難されたことは間違いない、と語ってくれた。ジュネーヴ市民でありパリの裕福な銀行員がこの計り知れぬ宝物を発見し所有するだけの幸運と良識を有して、以前は貧窮という苦境を耐えたのと同じく今は趣味と贅沢が咲き誇る首都に、富の誘惑に抵抗したのであった。彼女の夫の才分は彼をヨーロッパ全土において最も著名な地位へと押し上げたが、彼は栄光と恥辱の変動ごとに自分の忠実な伴侶の胸に寄りかかった。キュルシュ嬢は今やフランス王国の宰相で立法者でもあるネッケル氏の夫人である。

私が今日有している才分、学識あるいは習慣はそれら全てがローザンヌに負っているものである。彫像が大理石の塊で発見されたのは実はこの学園においてであり、私の宗教的な愚かな行動や父の盲目的な決断は最もよく考え抜かれた叡智を生み出した。だが一つの悪影響もたらし、それは英国民の目からすれば深刻で修復不可能な悪影響にみられるだろうが、それは私のスイスでの教育の成功からもたらされたものであった。私はイギリス人であることをやめてしまったのだ。融通がきく柔軟な若い年齢、つまり十六歳から二十一歳の間において、私の意見と習慣と感情は異国の型に嵌められて形成され、英国のかすかで遠くにある思い出はほとんど忘れ去られた。私の母国語は次第に親しみがなくなり、適度な自立した資産が提供されれば恒久的に国外に居住することも喜んで受け入れたことだろう。パヴィヤールの良識と気質によって私の軛は知らないうちに軽くなっていった。彼は私が好きな時間に好きなことをするのを暗黙のうちに認めた。だが彼は私の境遇を変えたり、お小遣いの増額を決定することはできなかったので、私の年齢と理性が成長していくにつれ、私が解放され自立した身分になる瞬間を今か今かと待ち続けた。

そしてついに、一七五八年の春において、父は私にすぐに帰国するようにという許可と好意を示した。そのころは七年戦争の真っ最中であった。英国が宣戦布告をせずにフランスの船舶を拿捕したことに怒ったこの慇懃な国民は、幾分か気難しい嫌がらせとして英国民の旅行者の入国を禁止した。ドイツを経由した道程は遠回りな上に骨が折れ、軍隊の近隣において多少の危険が伴う恐れがあった。このような困った事態において、私の知り合いでオランダ軍に従事していてちょうど駐屯地へと戻る途中にいた二人のスイス士官が、自分たちの仲間としてフランスへと通してくれることを提案した。もし私が相手の兵士に発見されたら私の偽造した名前と借物の軍服は極めて疑わしい目で見られることを十分に考慮しなかった。私は一七五八年四月一一日にローザンヌを、私の青春時代のとても大切な場所と人たちを大人になって再訪しようと決意しつつ、喜びと後悔が織り混ざった状態で去った。私たちは雇った馬車に乗りフランシュ＝コンテの丘やロレーヌの肥沃な田園をゆっくりとだが楽しく通っていき、フランス国境のいくつかの武装した街も特にこれといった事故も誰何されることもなく通過していった。我々はそこからオーストリア公領ルクセンブルクのアルデンヌの森へと入り、リエージュでムーズ河を越えたらブラバントの荒野を横切り、十五日目にボア・ル・デュクの我々のオランダ軍駐屯地へと無事に到着した。ナンシーを通過する際は、私の目はポーランド王位に関する争奪の嵐の後の安らぎとして、ロレーヌの新たな臣民の愛情と感謝の中でスタニスワフが作り上げた整然とした美しい都市の景観を眺めて楽しんだ。マーストリヒトに停留中には、現行のローマ史の最初の五世紀を否認する尤もらしい主張をしているとして以前から私が注目を置いていた博識な批評家ド・ボーフォール氏を訪問した。兵士たちと別れた後は、旅程の脇に逸れてロッテルダムとハーグを訪ねた。この自由と工業の記念碑というべき国土を観察したいと思ったが、旅程がキツキツでこれ以上遅らせるのは無理だと思い諦めた。私は道を急ぎブリルから乗船し翌日にハリッジに上陸した。そして父が私の帰国を待ちかねているロンドンへと進んでいった。私が英国を去ってから不在だった期間は、四年と十ヶ月と十五日であった。

第二部

第五章　文学研究論と国民軍への使役

教会での祈祷において、我々個人の悩みは賢明に精神か肉体か財産の三者に最終的に区別される。精神の感情が我々の社会的な共感を沸き上がらせ行使させる。私の道徳的な性格と文学的な性格を述べることは私自身にとっても世間の人々にとっても最も興味あることだろう。そして私個人の学問研究においては非難を交えずに詳述するかもしれない。というのもそういった学問研究によって著作という形で世間に流布し、それらの著作だけでも私の読者たちの尊敬と友情を得る資格があるからだ。世の中の経験により、自分たちの財産について語ることに人は慎重になり、口を開きたがらなくなる。そしてやがて我々の裕福さや貧困さを明け透けに伝えることは嫉妬の悪意を挑発したり、或いは傲慢な軽蔑を沸き立たせてしまう。しかし私は自分の私的な状態についていくつか語りたいと思う。というのも、もし私が実際によりも裕福であったり或いは貧しかったりしたのなら、私は自分の分量がとても多い歴史に関する体系的な論述をするだけの閑暇も粘り強さもなかっただろうからである。私が英国に帰ってきた時の父の焦れったさは私に対する無関心からくるものではなかった。既に私は父が二人の姉妹により貧しくなり、生活スタイルも富を稼ぐよりも消費することに傾いたことは仄めかした。海軍の必需品を供給することに関する莫大で合法的な債権も、スペイン王国の不正義によって剥奪された。パトニーでの洗練された接待がその収入の度合いを上回った。ホワイト家のオールド・クラブの会員として選ばれるという名誉のために父はさらに金を支出し、さらに金のかかる類のゲームやサウサンプトンの選挙競争が彼の少ない財政をさらに使い果たさせた。

母の死去に伴って父がハンプシャーへと引っ込んだことは何か敬虔な動機によるものとして高く見積もられた。数年間はそのままの状態で息をして生きることはできた。しかし、限嗣相続の資産の主権者としての権利を取り戻せたのは息子に大きく負っていることに他ならない。

私が帰国するように指示された時期は実に巧みな計算に基づくものであり、私がロンドンに到着したのは成人年齢に達する三日前だった。司祭と祭壇はすでに用意されていて、ただ犠牲者だけが切迫した打撃に気づいていなかった。限嗣相続は私から撤回された。合計一万ポンドが父の所有権として抵当に入れられた。それに報いる形で、彼は私に生涯にわたって毎年三百ポンドの年金を払うように設定してくれた。私の父に対する従属は盲目的なものでほとんど無意識的なものであったが、それは私が冷静に考えた末の義務心と損得勘定に基づき正当化させた。そしてただ後悔しているのは私に割り当てられた資金の受領書が私の手元に渡されなかったことだ。私の受け取った年金は、三十年前ならまだもっと価値が高かったものだが、ヨーロッパで最も裕福な都心部で流行を追う若き英国人にとっては不十分なものだった。

とはいえ私の年代と母国での活動や費用のかかる娯楽に対して、私は十分な無関心さ、というよりもむしろ嫌悪感を抱いていた。いくつかの滞納金、特に私の本屋のつけは時折免除させられた。そして私のフランスやイタリアへの旅費はあらかじめ決められた合意に基づき、合計千二百ポンドという莫大な金額に上った。しかし私の支出の日常的な規模は、私の通常の収入とうまく釣り合っていた。私の望みは哲学同様に私の気質によって規制されていて、私の追求したいことがもう無くなったら、私はいつでもハンプシャーへと引っ込むだけの覚悟はできていた。そこにある父の家だと、自由にやりくりできるし、自分の書斎には楽しむための尽きることない源があったからだ。私がスイスから帰国して父が死ぬまでに経過した十二年の間で、父から二十ポンドすらも借りたり失うこともなかったことは自分の手柄として誇りに思っていいだろう。

私が英国において会いたくてたまらない人物は私が幼い時に愛情を持って私を守ってくれた伯母ポーテンだけだった。私はウェストミンスターのカレッジ・ストリートにある彼女の家へと駆けつけ、その晩は喜びと絆がたっぷりと迸った時間で過ごした。私が父の面前に現れる時はいくらかの畏怖の念は避けられなかった。幼少期の時、本当のことを言えば、私は家で放っておかれた。父の峻厳な外観や厳しい言葉遣いが最後に別れた時からも私の記憶に残り続けている。また、彼の性格や、それに対する私のありうる反応の観念を頭に思い浮かべることができなかった。それらは実際は私が思っていたよりもうまく調和できるものだった。我々の祖先たちから受け継がれてきた家庭内の規律も、哲学や父が年老いたこともありだいぶ緩いものとなった。そしてもし父が、自分が厳格な親の下で震え上がったことを覚えていたのなら、それは自分の息子にそれとは正反対な応対をするための反面教師的なものに過ぎなかった。彼は私を一人の人間として、そして友人として迎え入れてくれた。最初我々が再会した時、あらゆるお互いの制約は取り除かれ、それ以来ずっと打ち解けた平等な丁重さで関係を築き続けていった。彼は私の教育の達成を賞賛した。彼のあらゆる言葉や振る舞いは最も深い愛情を表現していた。そして彼の運勢と経済状況が均衡していたなら、或いは運勢と欲求が均衡していたなら、我々の共同生活は何ら雲がかるところはなかったであろう。

私が不在の時に彼は二人目の妻を娶った。名前はドロテーア・パットン嬢であり、彼女は私に対して最も不愉快な偏見を持ちつつ紹介された。私は父の二度目の結婚を不快な行動とみなし、私の母のベッドを厚かましくも奪ったこの相手を、個人的なそして家庭的な敵とみなした。毒盃や短剣への恐れ等のエウリピデスの文が心に重くのしかかったとまでは言わないが。

継母は前の妻の子供の敵として入ってくる。毒蛇のような獰猛さで(『アルセステス』三〇九～三一〇)

しかし私は古典言語において継母の憎しみが格言としてあるのはよく知っていたし、ラテンの詩人たちはいつも継母の名前を残酷な、獰猛な、忌まわしいといった不愉快な形容詞とつなげたことも知っていた。さらに歩いている時にはよくウェルギリウスの文

確かに私の家には父と意地悪い継母がいる。(『牧歌』三、三三)

を繰り返し口ずさんだものだった。しかしこの不正義は単に私の思い過ごしであり、空想上の怪物は愛想の良い、ちゃんとした女性であった。彼女の理解力、知識、そして彼女の会話の洗練された気風について初対面の時から測り間違えることはあり得なかった。彼女の丁重な受け入れや、私の望みを知って叶えるための勤勉な労力は、少なくとも表面上の関係は問題なく築けるだろうと予感させた。そして私の彼女に対する虚偽や策略の疑念も、彼女の暖かく優れた情緒を完全に理解するようになると次第に消え失せていった。

彼女との関係を遠慮がちにしばらくした後は、我々の精神は友情と親密さによって打ち解け

られ、ギボン夫人に子供がおらず産みたいと思っていなかったので、母と息子という真心ある呼び方と真実的な関係を簡単に持つに至った。両親は二人とも私に寛大であったので、私は自分の嗜好や考え方で自分の行きたい場所や同行人や娯楽を自由に思い巡らせて決定することができた。そして私の外出は英国の島の境界線と私の収入の度合いによってのみ制限されていた。私をある外国大使館の秘書の職に就かせるちょっとした幾つかの努力が試みられ、私をヨーロッパ大陸へと再び赴かせるような計画を耳にした。知性があるように思われるギボン夫人は、テンプル法学院に籍を置き、閑暇を法律の学業に注いではどうかと助言した。私は彼女のその助言を聞き入れなかったことを後悔していない。特に必要に迫られないのにそのような陰鬱な迷宮の薮と棘を通り抜けるような決意をする人はほとんどいない。裁判所の喧騒のど真ん中で聞かれるような大胆で即興的な雄弁さを自然は私に授けなかった。

聴衆の唸り声を鎮め、訴訟に向いた性分（ホラティウス『詩論』三二一）

そして文学に注ぐ労力が削がれて、一方で弁護士としても成功し名声や財産を得ることもなかっただろう。私に対する援助として職業上の日課的な義務が与えられる必要はなかった。毎日、毎時間は快適に満たされた。そして他の同国民が多数抱くような怠惰な人生の退屈さというものを味わうこともなかった。

私が英国に帰国しハンプシャー市民軍が形成されるまでの二年間（一七五八年五月～一七六〇年五月）、私は九ヶ月ほどロンドンで過ごし、残りをハンプシャー地方で過ごした。都心部というのは皆に開かれた多種多様な娯楽を提供する。好奇心ある目にとっては、都心部自体がいつも驚かせる光景である。そして人の各々の嗜好や各々の感性が、朝の長い散歩で遭遇する多様な対象物によって満足するだろう。私は劇が盛んだった時代に劇場に熱心に通ったものだった。当時は喜劇にせよ悲劇にせよ卓越した俳優が集まっていたが、ギャリックという俳優が自分の成熟した判断力と演技の強烈さによって見せた最高潮の輝きがそれらを蔽っていたのだった。居酒屋から劇場へ、劇場からコーヒー・ハウスへ、コーヒー・ハウスから売春宿へと日課的に回るという都市部での生活は、自分の健康と財産と仲間を顧みないものなら誰でも可能である。そういった事例が人から人へと伝わっていき、私も誘惑されることがあった。しかし私がローザンヌで形成したより良い習慣が、より洗練され合理的な集団へと誘導した。そして私が期待していたよりも私の探求が困難で達成し難いのなら、今すぐにでもその失敗を私の置かれていた状況と性格の責任にしてもいい。私の両親の社会的地位と財産によってロンドンで一年中住めるような家を持っていたら、彼らの家は知り合い多数からなる丁重な社交サークルの場として私を招待してくれただろう。しかし私の父は常に交際する人物としては最も高貴な人と賤しい人を好んだものであり、父の気性はどちらからも歓迎されていたからだ。そして隠遁してから十二年、父はかつて交際していた偉大な人たちの記憶にもはや刻まれていなかった。私はこの広大で未知の都市で異邦人だという気分になり、その都市の生活を始める際、自分から進んでは選ばないであろう活気のない家族パーティや幾つかの散発的な付き合いに呼びつけられた。父の最も有益な友人はマレット氏だった。彼らははじめ私が父の息子ということで私を礼儀正しく優しく歓迎してくれ、しばらくしたら私自身を理由として歓迎してくれた。そして私はやがて彼らの家庭で（もし私がチェスターフィールド卿の言葉を借用していいなら）飼い慣らされた。マレット氏は、英国の詩人としても名を馳せているが、その会話能力の打ち解けやすさと上品さにより不倶戴天の敵であるサミュエル・ジョンソン氏[28]により称賛されているが、彼の妻の欠点譬え何であろうと、彼女は機知や学習能力が決して乏しくはなかった。彼の助けにより私はブリストル伯爵の母であるハーヴィー令夫人へと紹介された。彼女は年老いていて、肉体も弱かったために、家から出ることができなかった。彼女の食事は他人によって決定されていた。晩には彼女の家は性別国籍関係なく各々の最高級の人物を客として開かれていた。また、私は彼女の好みやその気取ったような振る舞い、またフランス語やフランス文学についても決して不快だったわけではない。しかし英国という世界で私がさらに進歩していくのは基本的に私の努力次第であり、その方面の努力はあまり熱意がなく散漫だった。私は人々の柵や蕾を開いていくような打ち解けやすさと話し方という幸せな天分なり技巧なりに恵まれていなかった。かといってそれらを私の病気がちだった少年時代や外国での学びや控え目な性分のせいにして不平を言うのも理に適っているのは言えないだろう。いくつもの馬車がボンド・ストリートを活発に走行している間、私は自分の住処で自分の本を開き孤独な晩を幾日も過ごした。時折私の学業研究はローザンヌを思い浮かべた際に出たため息によって中断されることもあった。そして春がやってきたら私は躊躇することなく、喧騒うるさく贅沢で楽しくないのに金を浪費していくようなこの人いっぱいの光景から、誰を引き連れるのでもなく退去していった。私がロンドンで過ごした毎年の二十五年間（一七五八～一七八三）を考察してみると、その光景は次第に華やかなものになっていった。そして私が今しがた記したこの不快な描写は、もっぱら私がスイスから帰国した最初の時期のものである。

私が数多い気軽な時間と時折の重々しい時間を過ごしたハンプシャーにある父の住処は、ピーターズフィールドの近くのブリトンにおいて、ポーツマス通りから一・六キロほど離れたところにあった。ロンドンからは八八キロとあまり離れてはいなかった。老朽化していた古い屋敷は現代風に合わせて利便性もある家へと変わった。そして他所者がそこで何もみることがなければ、そこの住民たちも欲求することはほとんどなかった。その家の場所は町の端っこにあって丘の下の部分にあるというあまり喜ばしい選択ではなかった。しかし周囲の光景は多様であり見ていて心地よいものであった。そこの丘陵地帯は素晴らしい光景を呈し、家を眺める際に見られる長く垂れている木々はおそらく人が手を加えたり金を費やしたところでより見栄え良くすることはできなかったであろう。父は自分の私有地を自分の手中に収め、さらに新たな土地も借りることもした。そしてその最終的な収支がなんであれ、その農場はたっぷりとした楽しみや食糧品を供給した。供給された農産物により、家庭内と農業の給侍人を両方雇い入れたことにより、父の管轄していた区域には人や馬がたくさんいるようになった。そして労働の合間に、器量のいい赤褐色と灰色の馬の一対が馬車用の馬として組み込まれた。家の経済的なやりくりはギボン夫人の好みと分別によって規制されていて、彼女は食事の際の料理の洗練具合に満足げであった。そして不潔で貪欲なパヴィラード夫人から私は英国の卓上の毎日の清潔さと贅沢に突然移転させられたのだ。直近の隣人たちは皆、完全に朴訥とした性分だった。しかし我々の丘の端からチェスターからグッドウッドにかけてのサセックスの西側区域には、立派な邸宅や愛想よくもてなしてくれる家族たちが散在していて、私たちは彼らと友好的な関係を結び、もっと頻繁に彼らを訪問してもよかったかもしれない。私のブリトンでの滞在はほとんど自発的なものだったので、訪問するときも立ち去る時も相手側は愛想良く微笑んでくれた。しかしながら私の隠遁生活はその地方の日常的な喜びに依拠していたものではなかった。私の父は、彼の私への愛情や農業の知識で私をやる気を駆り立てることはできなかったし、彼が素早い狩猟馬に乗ってリッチモンド公爵の猟犬を追いかけて駆けていったとき、私は彼の狩猟へと赴く姿をみてその娯楽には決して参加したいとは思わなかった。そして広大な荘園を管轄することにおいて、私は平野で活動するよりも厨房の支度をしたりすることの方がよほど価値あるものとみなした。私は銃を取り扱ったことは一度もないし、馬に乗ったことも滅多にない。そして私の哲学的な散歩はやがて影がかかったベンチへと赴くようになり、そこで読書したり瞑想したりして長い時間そこで座りながら楽しんだ。家に帰ると、私は心地よく広い部屋を独り占めした。部屋と同じ階にある蔵書が私特有の専用領域として見なすようになった。そして私は自分一人で居た時が一番孤独感を感じなかったと言えるかもしれない。

私が信心から抑圧しようとしたものの抱いていた唯一の不満は、私の自由な時間に対して加えられた制約に起因するものだった。早起きする習慣がありそれによって私は昼間の神聖な時間を誰にも侵害されないとし、自分の勤勉な努力のために一日の多くの切れ切れの時間を盗み取ってはそれに割り当てた。しかし朝食や昼食、お茶や夕食における家族の集まりは日課的に行われ長いものだった。朝食の後ギボン夫人は私が彼女の化粧部屋へと同伴していくのを望んでいし、お茶の時間の後も私の父は一緒に会話したり新聞を読むことを要求した。また私が興味深い学業研究をしている最中に、何人かの退屈な隣人たちの訪問を迎え入れるために呼び出されたこともあった。彼らの訪問や一緒に食事をすることが、相応の期間内にそのお返しとして訪問し返さなければならず、我々がさらに遠出をするように通常取っておかれた満月の時期が来るのを私は恐れたのだ。父は一七五九年の夏にストックブリッジやレディング、オディハムの猟馬の優勝盃のために自分の馬を参加させたが、その際に私は父について行かざるをえなかった。そして私はそのオリンピア的な試合や当地の美しい光景、馬の敏捷さ、そして多数いた観衆の陽気な歓声等は決して嫌いではなかった。国民軍の活動が開始されるや否や、多数の日にちがピーターズフィールド、アルトン、ウィンチェスターでの副分隊長の会議で退屈に浪費されていった。同年の一七五九年の終わりに、サー・シメオン・シチュアート（やがてミスターになった）が大蔵卿レッグ氏を相手のサウサンプトン州の選挙戦に名乗りを挙げて敗退したが、これはピュート卿の影響力が初めて発揮され指弾された極めて有名な抗争であった。我々の応援演説はポーツマスやゴスポートで何日間も続けられた。私の学業研究は中断したものの、これらに居合わせたことにより英国人の風習の観察と実践的な知識の獲得によりある程度は埋め合わせられた。

もし家庭やより些細な場面で私の仕事に従事する労力が幾分か減らされたら、本の収集と整理いう観点で私の知識愛は駆り立てられ満足され、書物に関してのローザンヌの貧しさとロンドンの豊穣さとを比べただろう。ブリトンにある父の書斎は前世代の価値のない本と、本来ならもっと適切な場所へと移されるべき宗教的な高い厳粛さや政治を取り扱った本でいっぱいであった。しかしそれでも古典や初期キリスト教の教父たちの価値ある版がいくつかあり、それらはロー氏によってどうも選集されたみたいだった。このような貧弱な状態から私は質の点でも量の点でも優れている書斎を形成するように努め、そこを私の著作群の礎とし、私が自宅にいる時も外出している時も私の人生の最良の安楽とした。最初の四半期の収入の大部分を私の文学的な欲求に割り当てた。私が二十ポンドの紙幣を『碑文文芸アカデミー紀要』の全二十巻を交換した時の喜びを忘れない。そしてそれだけの金額を他のどのような対象に払ったとしても、合理的な楽しみの源として大きく長期間にもたらすようなものはなかっただろう。私がこの古代文学の学校に最も熱心に通っていた時、私の教養ある多種多彩な収集物に関する意見を表明して、一七五九年以来その分量は倍加したが、その価値自体はまだ十分なものになったとは言えなかった。その意見とは次である。「人々に害を頻繁にもたらしたルイ十四世の野心よりも、その名前をはるかに不朽なものとした学会の一つは、精神の正鵠さと柔和と学識を一つに結合させるこの研究をすでに開拓した。ここに多数の学術的な発見と、それに見劣りすることのない謙虚で聡明な無知を見出すのだ」(『文学研究論』第五章)

私の書斎に関する論評はそれが成熟し切った時まで待たなければならない。しかしこの場において、私は見せびらかすために本を購入したのではなく、どの本も棚に仕舞うために読んだか十分に検討し、間もなく私は大プリニウスの嫌味だが耳に入れておくべき格言「私が今まで読んだ本のうちどんな粗末な本もそこから利益を引き出せなかったものはない」を適用したことには言及してもいいだろう。しかし私が毎週日曜日に家族と一緒に教会へと赴き、旧約聖書と新約聖書の教えを読むこと以外に古代ギリシア語をもう一度学ぶだけの暇と勇気を見出すことはできなかった。ラテン語の古典作家たちの一連の作品を通読することは必ずしも熱心に行ってきたわけではないが、キケローとクィントス、リヴィウス、タキトゥス、オウィディウス等の最良の版を相続や購入した際は、その機会を活用し多くの場合それらに読み耽った。私は原典を抜粋しては自分の考察を書き留める有益な方法をやり続け、一つの注記が本一冊ほどにまるまる膨れ上がった一つの例を示せばいいかと思う。リヴィウスの一節（第三八章三八）の解決のために私はグレーヴズ、アーバスノット、フーバ、バーナード、アイゼンシュミット、グロノヴィウス、ラバール、フレレ等の無味乾燥で不鮮明な論文にあたることになった。それによって私は自分のフランス語による論述『文学研究論』（第二〇章）において滑稽ながら読者に、国民軍の太鼓によって突然中断された古代人の重量や硬貨や長さについて論じた私の手稿を参照させることになった。

私はこれから社交と研究のさらに広範な分野に入ろうとしているが、私の知人のうち多数の通俗的な人たちを虚しくだらだら述べることは避けて、本や人間においてそれ自身価値や名声があったり、または私に深い感銘を与えたものに限定し、言及する資格があると思う親密な友人たちだけを紹介できればと思う。だが私はこの機会において、その時期から私自身が採用し始めた習慣を、若い生徒たちにもおすすめしたいと想う。私が新しい本を手に入れた際、その本の大まかな内容や順序を一瞥した後、私が自己考察の課題を終えるまで、そしてその書物全体または特定の章の題目について知っていたこと信じていたこと考えていたこと全てを孤独な散歩で熟考するのを終えるまで、その書物を読むことをあえてしなかったということである。これをすることによって初めて私はその書物の著者が私が元々蓄積していたものにどれほど加えてくれるかを判断できるようになったのだ。そして時には私と著者の考え方が一致して満足することもあったし、互いに食い違った場合にもそれに備える用意もできたのだ。私が休息している時に好んで読んだのは名誉革命以降の我らの英国の作家たちであった。彼らは理性と自由の精神を吸い、長期間外国語に染まっていたことによって腐敗していた私の母国語能力の純潔さを回復させるのに、最もいいタイミングで貢献してくれた。マレット氏の分別ある助言によって、私はスウィフトとアディソンの書物へと向かった。機智と平明さが彼らの共通の性質であった。しかしスウィフトの文体は男らしく独特な熱意に依るところがある一方、アディソンの方は優雅と柔和さという女性的な優美さによって飾られていて、これらのあまりにも粗い織地とあまりにも薄い織地の対照さは、著名な作家たち二人の欠点においてすら見受けられるものだ。英国の祭壇が歴史の女神に決して添えられなかったという古くからの非難は、最近になってスコットランドとステュアート朝の歴史に関して書いたロバートソンとヒュームの文という業績によって反証された。私は彼らの文を読むだけの力量を持っていたことは断言しておきたいし、あるいは彼らの文を繰り返し読み玩味することによって異なった考え方を抱いたことも隠し立てしたくない。ロバートソン博士の文の完璧な編成、興奮気味な言葉遣い、均整のとれた美文は私もまたいつか彼の足跡を辿っていきたいという野心で燃え上がらせたが、その一方で彼の友人であり競争相手でもある冷淡な哲学、真似できないやっつけ気味な美は私に喜びと絶望の入り混じった感情を抱かせつつ本を閉じるのを強いるのであった。

私の処女作である『文学研究論』は、洗練された虚栄心を満たすため、つまり私が好んで研究していた対象を正当化し賞賛することを意図して書かれたものであった。私がもっぱら考えを対象にしていたフランスでは哲学の時代が到来していたためにギリシアとラテン語の学識と言語は注視されていなかった。その類の分野の研究の番人といっていい碑文文芸アカデミーは今では三つある王立組織のうち最下層のものとされていて、「博学」という新たな呼称がリプシウスやカゾーボンの後継者たちに軽蔑的につけられていた。そして私は彼らの唯一の才分である記憶力の行使が、空想や判断力というより崇高な能力に後塵を拝するようになった(ダランベール氏の『百科全書序文』)と聞いて、私は憤慨した。私の自分の実例と教えに基づき、精神の全ての機能は古代の文芸の研究によって活性化され発揮されることを証明しようと意気込んだ。様々な証明とその提示を示す古典作品を私は選び飾り立て始め、私のこの作品の最初のページや章は私がローザンヌから出立する前に書き上げられたのだった。旅上とイギリスでの生活の最初の数週間が慌ただしかったことによって本格的にこの業務に取り組むことは中断されたが、私のこの計画はいつも脳裏にあったもので、私がベリトンに夏の住処を置いた後は七月一日から一〇日の十日間が流れ去っただけである。私のこの作品は約六週間で完成し、ピーターズフィールドにいるあるフランス人捕虜の手によって清書が終わると、私はすぐに自分の最初の業績を批評し判断してくれる人を探し回った。作家というのは孤独のうちの自画自賛という疑わしい報酬に満足することは滅多になく、世間と自分について無知な若者は自分よりも公平な判断をする秤に自分の才分を乗せて測ろうとするのは当然である。そのため私の行動は自然なものであり、動機もまた指さされるものではなく、私がメーティ博士を選んだことは分別に基づき幸運でもあった。家系と教育により、メーティ博士はオランダに生まれたにも拘らず、フランス人とみなしてもいいかもしれない。しかし彼は医業と大英博物館の仕事のためにロンドンに定住していた。彼の評判は忍耐によってほとんど自分一人で書き上げた『ジュルナル・ブリタニク』の全十八巻の業績に正当に基づいていたものであった。才分あるベイルと博識なルクレールが携わり一度品位を備えたことのあるこの類の仕事は、メーティ博士の嗜好と知識と判断によって損なわれることはなかった。彼は六年間（一七五〇年一月〜一七五五年一二月）の英国の文学の状態について素直で快い眼差しを見せていて、彼の怒りっぽい息子とは全く正反対に、批評という笏を親としての愛情から嫌々ながら振るうという形である。『ジュルナル・ブリタニク』の著者は時折詩人や哲学者としての役割を果たすために、彼の文体は純粋で優美である。そして彼の美徳と欠点においてすらも、フォントネル学派[29]の最後の弟子の一人とみなしても良いだろう。

彼の私の最初の手紙への返信は素早くそして丁寧であった。入念な考察の後、彼は私に二、三の注意と多くの賛辞を呈してくれた上で、私の手稿を返送してくれた。そして次の冬に私がロンドンを訪れた時に、私の作品の意図と構成について数回にわたって自由に親密に会話した。私がベリトンへと短期間滞在した折は、彼の友好的な助言に基づき自分の作品に修正を加え、三分の一を削除して三分の一を加えさらに三分の一を変更した。そして一七五九年二月三日を日付として短い序文も加えて、ついに私の最初の作品が出来上がったのだ。しかし私は処女の謙遜のような恐怖からそれを刊行するにあたって尻込みしてしまった。なのでその手稿は机の中に安全に匿われている。そして私の注意が新たな対象へと注ぐことによって、ホラティウスの「九年間保持しておくべし」という教訓に従うかのようにそれまで刊行されなかったかもしれない。博識あるイエズス会士のシルモン神父は若き友人に公に自分の作品を提示するにあたっては五十歳という円熟した年齢になるまでに待つべきだというより厳格な忠告を行った（オリヴェ『アカデミー・フランセーズの歴史』）。確かにこの忠告は奇抜ではあったが、この著者自身がその手本を見せたことがより一層奇抜なものと思えるだろう。シルモン神父が五十五歳のとき（一六一四年）に自分の最初の作品である無数の価値ある注釈つきのシドニウス・アポリナリスの詩集を刊行したのだった。（彼の偉大な著作集、二折り版全五巻の冒頭にある彼の伝記を参照。一六九六年、パリ、王立出版刊）

二年間は何事もなく過ぎ去ったが、一七六一年の春になると私は親の権威に追随し親孝行な息子として振る舞った。私の個人的な決心は当時のヨーロッパの情勢に影響されていた。この頃では軍事強国も平和の提案を行ったり受容したりして、実際には行われなかったもののアウグスブルクの会議に出席するはずだった我々のイギリスの全権大使もすでに決定されていたのだった。私も一人の紳士あるいは書記として彼らについていこうと願ったのだが、私の父は私に多少なりとも文学的な才能があることが認められれば世間から注目を浴び友人たちの推薦も得られやすくなると好意的に考えた。私が最後の校訂の後にマレット氏とメーティ博士に相談し彼らは私の考えを承認してくれて遠征にあたっての手助けをしてくれた。マレット氏が私の作品の草稿を朗読するのを聞くとそれを私の手から受け取りベケットに渡して、私の名前の下でいとも容易く同意してくれた。私はわずかな部数の引き渡しを要求しただけで、著作権を引き渡すことはなく刊行のための費用と利益を書店のオーナーに一任した。私が不在だった時にメーティ博士は下書きの校訂を行ってくれた。彼は私が知らない間に著者への優雅でへつらうような手紙を挿入してくれた。しかしその好意的な賞賛文はもしこの作品の売れ行きが悪かった場合、この若き英国紳士の性急な試みを友人としてなすがままに任せたという風に解釈されるように仕込んでいた具合であった。この作品は十二折り版の小冊子『文学研究についての論考』という題目の下で印刷され公刊された。私の適切で親孝行的な父への献呈文は五月二八日に書かれて、メーティ博士の手紙は六月一六日の日付であった。私がハンプシャー国民軍と一緒に行軍する二日前にオールズフォードで最初の見本版を受け取った（六月二三日）。それから数週間した後、同じ場所でたまたまピット大佐の天幕で朝食をとっていた故ヨーク公に自分の作品を献呈したが、それは連隊が野戦演習から戻ってきた日であり、その作品の作者は精鋭部隊の大尉たる軍帽、軍服そして装具をつけた汗と埃に塗れた多少むさ苦しい格好で殿下に拝謁した。私の父の指示とマレット氏の助言によって、私の作品の相当な部数が彼らの友人や私の友人に配られた。リッチモンド公爵、カナーヴァン侯爵、リッチフィールド、ウォルドグレイヴ、エグリモント、シェルバン、ビュート、ハードウィク、バース、グランヴィル、チェスターフィールドの諸伯爵、ハーヴィ令夫人、サー・ジョゼフ・ヨーク、サー・マシュー・フェザストンさらにウォルポール、スコット、レーの諸氏等々。パリのド・ケリュス伯とエギュイオン公爵夫人にも一部ずつ贈られた。私はローザンヌにいる友人たちのために、私の受けた教育の最初の果実と思い出の感謝の印として二十部とっておき、これらの人々に返礼と謝意の避けられぬ義務を課した。

文体にせよ情緒にせよそれらが完全に異国風の作品が母国よりも外国で成功を収めたことは驚くことではないだろう。私はフランスやオランダの雑誌が私の作品から多数引用してくれたことや、温かい推薦そしてお世辞めいた予言を嬉しく思った。そして翌年(一七六二年)、新たな版が(おそらくジュネーヴで)作品の評判少なくともその流通度合いをさらに拡大してくれた。英国ではほとんど読まれずすぐに忘れられるという具合に冷たい無関心でしか受け入れられなかった。少ない部数もゆっくりとしか売れていかず、書店のオーナーは不平を漏らし、作品の著者も(もし彼の情念がより鋭敏なものであったならば)英訳の下手さと投げやりさに思わず涙したことだろう。十五年後の私の『ローマ帝国衰亡史』の公刊において私のこの処女作についての思い出を蘇らせて、その作品は書店において熱心に探索された。ベケットはそれを再刊行することを懇願したが、私はそれを許可しなかった。公の好奇心はダブリンの書店の海賊版に不完全ながら満足し、そして初期の原本がたまたま売られているのが発見されると、当初は半クラウンだったこの作品の価格も一ギニーあるいは三十シリングという信じられないような価格にまで高騰した。名前の力というのはかくの如しである。

以上が私の文学的な処女性を喪失したことに関する詳述であるが、当時は学生が自分の精神能力の尺度を思い切って世の中に示そうとする思い入れ深い年齢である。彼の希望と恐怖は自己の過大評価の考えにより倍化しており、人類の目線が自分という人間と業績に注がれているのだとしばし信じ込んでしまうのだ。私の現在博している評判がなんであれ、それはもはやこの最初の作品に基づいているのではなく、それを刊行してから二十八年経過した今では自分のこの若さゆえの作品を公平なほとんど第三者の無頓着な目線で評価することができる。ハーヴィ令夫人への返書でケリュス伯は「ギボン氏が無数にそして入念に読んだ書物」と驚嘆する素振りを示している。しかし悲しいことだが、私の当時の学問的な蓄積は貧弱なものであり、表面的なものに過ぎなかった。そしてもし私がギリシアの巨匠の名前を挙げることが許されたとしても、私の本心からの個人的な愛着はラテンの古典に限定されていた。私の『文学研究論』の最も決定的な欠陥は、読み手を疲れさせ注意を散逸させるような不鮮明さと唐突さである。題名の「文学」においてすら正確で適切な定義づけをする代わりに、漠然と色々な意味合いで解釈されている。多数の評言や歴史的、批評的、哲学的な実例が何かの原則や繋がりを用いるので話に互いに積み重なっていって、導入的な箇所のいくつかを除けば、残りの箇所は入れ替えようが場所を移そうがなんら問題ない有様である。多くの文章はわざと曖昧さを気取っていて、「私は短さを心掛けて曖昧になる」（ホラティウス『詩論』二五～二六）、なんでもない観念を仰々しい警句的な短さで表現しようとしているのが見受けられる。ああ、モンテスキューの物真似のなんたる失敗だろうか？しかしこのような曖昧さが対象の表面に広がっていくのではなく、特定の角度を照らす偏った光から生じる著者の精神の光と闇の混淆から生じる時もある。この素直な告白を済ませた後、この作品は二十三歳の若手作家が、趣味に任せて読み耽り、自由に考察し、生き生きと優美に外国語で書き上げたという具合にその手柄をあえて認めてもいいと思う。ローマ初期の歴史とサー・アイザック・ニュートンの新年代記の擁護は強力な論証であり、『農業詩』の愛国的で政治的な意図も適切に織り込まれている。この詩人と詩作の品位を高めるようなあらゆる推測は、厳密な吟味無くしても採用される価値があるのだ。

歴史と人間の研究についての総論には哲学的な精神の黎明が幾分見受けられる。多神教の神々についての起源と性質の考察について私は満足している。判断力と知識がより円熟した年齢において、これらの寓話における神々が死すべき現実の人間なのかそれとも寓話上の存在なのかという興味深い疑問について考察したいとつい思ってしまう。この二つの体系がもしかすると一つに混ざり合っているのかもしれない。つまりこの二つの考え方の距離は広い目で見れば言葉と表面上のものに過ぎないのかもしれない。このことに関して、私は二つ三つの性急な考察だけを述べる余裕しかない。つまり科学者がホメロスの作品を読んだ場合、作品上の神々と人間たちが同じ種族に属するものと考えるだろう。というのも彼らは一緒に豊穣な子孫を産出することができるからだ。だが宗教改革よりも前の時期ならば、聖フランチェスコと乙女マリアはほとんど同じように神格化されていたし、起源が多種多様な聖徒や天使が同じ国の同じ儀式において祀られていた。迷信と学問の潮流はインドからエジプトへ、エジプトからギリシアとイタリアへと流れていった。そしてエジプトの神学の断片の中で極めて漠然と浮かび上がっているに過ぎない天上の神々の受肉の過程がヒンドゥー教の神聖な書物においてたっぷりと説明されている。紀元前十五世紀にボイオティアのテーベにバッカスの名前の下で世界の見えざる作動者オシリスが誕生したが、そのために、ヴィシヌの観念は形而上学的な抽象に過ぎないものであり、それの完全な似姿であるクリシュナの冒険はデリー近郊で生きて死んだ一人の人間であった等々。総合すれば、私の著作の最初の作品に関して、以前よりもはるかに卓越した力量を持った芸術家が己の最初の作品を鑑賞した時に述べた言葉を引用してもいいだろう。私の友人のサー・ジョシュア・レノルズは彼が若かりし頃に描いた絵画を数枚見渡した後、自分の今現在創作している作品と比較して喜ばしいどころか失意を抱く、つまりあれほどの時の経過と研鑽を経たわけだから自分の進歩はもっと大きいものだろうと見込んでいたことを述べたのであった。

ローザンヌにおいては私の『文学研究論』の最初の数章を会話と研究で馴染んでいて、母国語よりもよりよく書けるフランス語で執筆した。私がイギリスに戻った後でも、私の育った土着語（とベントリー博士ならこう表現するだろう）を拒否するような意図をもったり衒ったりすることなく同じやり方を続けた。しかし私がイギリス人の著者としてのより自然な性分に満足していたなら、一部の反フランス的な非難も免れていただろうし、このフランス語の作品にマレット氏の英語による献辞文を添えるという愚かな助言を拒絶したなら私としてもより首尾一貫であっただろう。

この二つの言語を混ぜて使用することにより、私のパトロンの無知さが暴露されることになった。外国語を用いることは、交渉役の外交官として雇われたり、大陸の方で一般的に理解されたいという望みがあった時ならいいだろう。しかし私の本当の動機は疑いもなく新しく風変わりな

名声、つまり一人の英国人がフランスの作家たちの間に割り込もうというのを目的としたものであった。ラテン語は以前は教会の典礼において聖別されていて、やがてその言語が発達していき十五世紀と十六世紀においてヨーロッパの学者たちはこの一般的で学識的な言語で会話を交わしたり執筆したりするというやがて廃止されることとなっていく特権を享受した。その言語はもはやどの国でも一般的には用いられなくなったので、彼らは全員同じ条件に立ったわけだが、古代のローマ市民はドイツ人やイギリス人の洗練されたラテン語をきいては微笑むだろうし、エラスムスの『キケロニアヌス』からは我々は衒学と粗野の間の中間を辿っていく道を探すのはいかに大変なのかが分かる。ローマ人たち自身も生きた言語で書いて祖国の人々の

嗜好や判断に訴えるというより、危険を伴う仕事に取り組んだことも時折あった。キケローの虚栄心は自分の統領時代の回想録をギリシア語で書くことにより二重なものとなった。そして彼は自分の文体に多少のラテン語的な要素が発見されるかもしれないと謙虚に想像しながらも、彼はイソクラテスやアリストテレスの技巧に関する己の手腕に自信を持っていた。彼は自分の友人アティクスに、自分の作品の複写をアテネやその他のギリシアの都市に分配するように要求している（アティクス宛、一・一九、二・一）。しかし幼年時代から成人時代まで、キケローや彼の同時代の人々は両方の言語において同じだけの勤勉さで読書し、朗読し、書いたのであり、キケローはギリシア語の文法や修辞の授業を満了するまではラテン語の学校に通うことは許されなかったことは忘れてはならない。

近代になるとフランス語が、その国の作家たちの活躍や国民の社交的な風習、王朝の広い影響、プロテスタントらの国外亡命によって各国に伝播していった。いくつかの外国人はこの共通の言語をヨーロッパ諸国において使用する機会を捉え、実際にドイツ人たちは己の国の哲学者の第一人者と最良の国王についての権威を引き合いに出していいだろう。イギリスの正当な誇りと称賛すべき先入観によりフランス語の普及が抑制され、その結果アルプスのこちら側の多くの国民たちの中で英国民たちはフランス語の使用において最も不慣れで不出来なものである。サー・ウィリアム・テンプルやチェスターフィールド卿でさえも挨拶や事務的な機会にしか使用しなかった、彼らの刊行されたフランス語の文章は、作文の模範としては決して引用されることはないだろう。ボリンブルグ卿は『亡命生活の反芻』の草稿をフランス語で刊行してもよかっただろうが、しかし彼の今日の評判はヴォルテールの発した「双方の言語に通暁せし学者よ」（ホラティウス『頌歌』第三巻八、五）に基づき、さらにヴォルテールも彼が英語で書いた『キャロライン王妃への献辞』と『叙事詩論』によって同じような賛辞を報いとして欲しがった節も見受けられる。ハミルトン伯爵という例外は、反証としては不適切と思われる。確かに彼はアイルランドで生まれたが、幼い頃から彼はフランス語で教育を受けたのであった。それでも私としては彼が英国に長く滞在し、彼の私的生活での会話を英語で交わすことを習慣としていたにも拘らず、彼のフランス語による誰にも真似できぬ明晰で純粋な文体を害さなかったことに驚きを隠せない。そして彼の英語による詩行が削除されたことによって、彼の両言語の創作を比較するという興味深いことができなくなったことを残念に思う。以上から私は私が「祖国へともたらす第一人者」（ウェルギリウス『農業歌』第三巻一〇）と誇ってもよかっただろうが、実際問題私がこの未開拓な道のりをどの程度まで開拓できたかについては、フランス人の読者にその判断を任せなければならない。メーティ博士は、彼自身が外国人と呼んでいいものかどうかはわからないが、私を犠牲にすることによって自らの退路を確保したのであった。「ルクルスがローマ人と認めるのが困難なのと同じほどに、君自身がイギリス人であることと識別されることは困難だろうと自慢しようとは思わないよな」と彼は言った。パリの私の友人たちはもっと寛大であった。彼らは私を同国人、少なくとも地方人としてはみなしてくれた。

尤も、彼らはあくまでも友人でありパリ人である。メーティ博士が仄めかしている欠点、つまり「これらの著しい特徴、大胆な言葉表現、そして感情の規則の犠牲、そして強い口調のために抑揚を無視する」という私の癖は外国人だからというよりもどちらかと言うと若さゆえの欠点であり、私が母国語を長きに亘って弛まず訓練したことで、自分のフランス語の文体がより円熟し優れたものになったと自負している。

私はすでにこの処女作の刊行が軍事的な職業に就くことにより遅延したことを仄めかした。ここで自分の研究や社会生活の他のどの時期とも全く無縁な異質な舞台の思い出へと移ろうと思う。国民軍に関する一般的な考え方から始めて、前々回の戦争である七年戦争におけるイギリス国民軍と、そして私が出仕した連隊の状態ならびにそれへの参加が私の個人的な状況や性分に及ぼした影響について語りたいと思う。

国家の防衛は国民全体に課せられるものか、あるいはえり抜きの傭兵に委ねられるかのどちらかである。そしてそれによって武器の使用に関しても、時宜的な義務か別個のものによる商売取引となる。そしてその区別が国民軍と常備軍の形態を区別する訳である。イングランドとスコットランドが統合して以来、公共の安寧は決して攻撃されたことがなく外国の侵略者からの脅威に晒されたことはない。だが大陸と隔離する海こそが長い間唯一の国家の防波堤と言えた。テューダー朝あるいはステュアート朝が国家を治めていたとき、我が国の兵士や水兵たちの勇敢さによってその政体が輝いたとはいえ、彼らを徴兵した目的である遠征や会戦が終われば、解散された。祖国の士気は通商、産業、農業の平和な生業において沈滞化していき、そして国民軍の旧態依然の形態が贋え保持されたままだったとしても、その軍の規律は信頼ではなく嘲笑の対象であった。

大きな警報が国家全土に鳴り渡り
粗野な国民軍が不慣れな戦場へと流れ込んでゆく
手を動かさず食事のために口だけ動かす兵隊たちがたくさんの金を蕩尽し
平和だと彼らは重荷であり、戦争となれば防衛の役にちっとも立たぬ
太鼓を鳴らしながら月に一度は雄々しく行軍するけれど
必要な時には側にはいない
今朝では隊をなして警備に励んで
前進して一戦行うべき景色が見えたら
日課の職務というべき酔っ払い状態に性急になった
（ドライデン『サイモンとイフィジナイア』）

このような無価値な兵士たちの無能力さは王政復古以降、傭兵部隊の設置によって補われた。戦争が終結する度に維持される傭兵の数が増大していって、それを野党の嫉妬心によって抑制されることはあったにせよ、時間と必要性によってやはり増強していき、少なくとも自由国家の国民たちは年中常備されている常備軍に関して見慣れた存在にさせた。

議会の内外における（政府の内外ではなく）我々の愛国者たちの熱情は、国民から武器が取り上げられたと叫んだ。彼らはギリシア人やローマ人の市民一人一人が兵士として活躍し勝利を担ったという実例を訴えた。また彼らは、ヨーロッパの強国の真っ只中なのに憲法上に基づく効果的な国民軍によって十二分に防衛されているスイスの独立性と幸福を称賛した。しかし彼らの熱狂は戦争の技術・態様の現代における変化や、政治体制と風習の超え難い差異について見逃しているのであった。スイスの自由は政治的要因の競合によって維持されているのである。彼らの国民軍における優れた規律は外国での従軍によって訓練されてきた士官や兵士の幾多の交流からくるものであり、年に数日ある軍事訓練が羊飼いと農民から専らなる軍国民に課せられた唯一の義務なのである。古代のギリシアやローマの時代においては、戦争は一つの戦闘で決着がつくものであったのであり、その戦闘の行く末は個々人の力強さや勇敢さや器用さの質によって決定されていたものであり、それらは各々の家庭教育で養成されたものであった。祖国の抗争は彼ら自身の抗争なのであった。というのも各々自身が民衆総会で一票を投じるのであり、それに基づく多数派の私的な情念が共和国全体の一般的な指令を決定したからである。

戦闘において、各々の自由市民は自分たちの財産と家族と自由と人生を賭ける必要があった。そして敵側が勝利することがあれば祖国の街が破壊されたり奴隷となるという共通の運命に自らも与しなければならなかった。初期のギリシア人やローマ人たちはこのようなどうにもならぬ動機に基づいて戦場へと赴いたのであった。しかし戦争技術が改善され長期化すると、国民軍が常備軍へと編成されるか、あるいは彼らの自由は野心的な隣国のより正規な軍隊によって自分たちの自由が抑圧されるかのどちらかになった。

二つの恥辱的な出来事、つまり四五年における数人の裸の高地人であるジャコバイト派の進撃と五六年のヘッセンやハノーヴァー兵士を導入することが、無力な市民の弱さを暴露し侮辱させた。イングランドの地方紳士たちは満場一致で国民軍の設立を要求した。愛国者が期待され、

誰が怠惰な祖国を発奮させ
怠惰な男たちに武器を執らせるのか（ウェルギリウス『アエネーイス』第六巻、八一四）

そしてこの計画の功績、少なくともその実行の点においては当時人気と権力の絶頂期にあっ

たピット氏によって果たされた。この新しい方式において士官の選抜は国政的な原理に最も適ったやり方で行われ、つまり彼らは大佐から少尉に至るまで例外なく、国土防衛のために武器を使用することが国家から委任される代わりに、国家へと土地の担保の提供を相応の資格を立証するものとして義務付けられた。だが国民軍の立法者たちはこの制度を執行するにあたっての最初の段階において、すぐにスイスのそれを模倣することを諦めた。年齢が適切であったり必要不可欠な職務に就いていない人を全員王国から収集する代わりに、適切な比率に基づいてくじ引きに基づき三年間兵役に就かせ、その期間が満了すると新たな人員を同じようなくじ引きによって補填するとしたのだ。くじであたりを引いた者は自ら従軍するか、代理の人を見つけるか、十ポンドを払うことによって兵役を免れるのかの選択肢があった。すでに義務が重く課せられていた国家において、この名誉ある義務はさらなる税として堕したのであった。エリザベス女王時代の国民の人数において、百十七万二千六百七十四人が武器を担いうるとされているが（ヒューム『英国史』最新八折り版第五巻四八二ページ）、もし前々回の戦争において多数の活発で逞しい人々が陸海軍に兵役したとしても、その差異は人口の増加によって十分に埋め合わせられたといってもいいので、我々は国家の防衛を三万二千人の人員という弱い常備軍にまで減らした多大な努力を見ては微笑んでもいいだろう。日曜日の午後が当初訓練として割り当てられていたが、それは安息日を冒涜するものだという迷信からくる抗議の声が張り上げられたので、平日のうち一日の労働日が訓練のために差し引かれた。その日が何曜日であれ、そのような数少ない表面的なだけの訓練が彼らに兵士的な気質を身に付けさせることはあり得なかった。しかし国王は反乱と侵略が勃発したりその危険があった時に、その国民軍を実戦に投入する権利を与えた。そして一七五九年に英国の島は実際にフランス軍の艦隊による深刻な脅威に晒された。この重篤な場面において国民の士気は、今まで時代の恥だとして非難していた弱々しい汚名を立派に雪いだ。軍国的な熱狂が国家全土に渡って浸透したかに思え、英国の貴族階級の下に国民軍隊が編成された。サー・エドワード・ホークが海戦において勝利を収めた（一七五九年一一月二〇日）以後危険は収まったわけだが、それでも最初の国民軍を解散させるのではなく、翌年には残った人々もその軍に編成され国民は満場一致に戦争が終結するまでのその軍の不法な継続を称賛したのであった。

この新しい懲役方式により国民軍は正規の軍隊と同じ法規によって規制されたのであった。彼らは同じだけの給料と衣服を享受し、少なくとも上官たちの家族は教区の費用で扶養された。これら地方兵団は陸軍大臣の命令に基づいて彼らの住んでいた州から遠く離れた地域に駐在し移動し野営することによって、士官も兵士たちも服従の習慣を身につける訓練をさせられ、それによって一部の連隊が古参の軍団の規律とその外観を呈するようになったのは不思議なことではない。彼らはやがて傭兵としての技術とともに精神も取り込んでいった。国民軍としての特性は失われた。そしてこの見栄えの良い呼称とは裏腹に、国王は第一の軍隊に比べてもっと費用がかかるのに有用性が低い第二の軍隊を手にしたわけであった。この制度の最も有用な点は何だったのかというと、地方紳士たちの間に残っていたトーリー主義の、というよりむしろジェームズ派の偏見の名残を一掃したことにある。英国生まれの国王であるジョージ三世が王位を継いだことは政府さらには宮廷すらを妥協させるに至った。だがそれ以後も彼らは単にその受動的忠誠心をスチュアート家からブランズウィック家へと移しただけと非難されている。そして私もバーク氏が下院において「奴らは偶像を変えたが、結局は偶像崇拝をし続けていることには変わらないのだ！」という怒号を発するのを聞いたのだ。

当時の世間の熱情によって私の父は近代のキンキンナトゥス[30]よろしく農業労働から徴発された。彼の権威と助言は私の研究作業を中断させるのにも納得だった。ウィンチェスターで民会が召集され、我々が引き返せぬ一歩を踏み出したことによる結果を知る前に、ハンプシャー南部大隊の少佐および大尉の各々の辞令を受け取った（一七五九年六月一二日）。サウサムプトン地区への兵士の割り当てはすでに九百六十名と決定されており、これが各々八団の中隊から構成される南部と北部の二個連隊へと分割された。ワイト島が特別に除外されたため、我々が一個中隊を減らされた結果、大佐が辞職して結局中佐連隊長（サー・トマス・ワーズリ準男爵）一人、少佐一人、大尉五人、中尉七人、少尉七人、軍曹二十一人、鼓手十四人そして兵士四百二十人という法律上の定義に基づく独立大隊へと縮小された。私はここで当時もっとも重要な事柄だと考えていた総監ボールトン公爵との長きにわたる激しい抗争に関してまた言及するようなことはしない。彼の自ら二個大隊の大佐に就任する権限を議会法の解釈に基づき我々は否認したのだ。検事総長と陸軍大臣の最終決定の後での彼の哀れな復讐は、彼自身による副官の選択と士官の昇進の権限の行使と乱用に限定された。一七五九年に我々のくじびきは長時間の後終わり、フランス軍の侵攻の脅威も過ぎ去ったことから、私と父は軍事遠征は自分の中隊の徴募地であるピーターズフィールドとオールトンのさらに向こうまでは行かないだろうと希望を抱いたのであった。だがこの希望も、一七六〇年五月一〇日に発布された動員に関する国王の親書で挫けられた。後退するにはすでに時期遅く、一方後悔するのもまだ早かった。大隊は六月四日にウィンチェスターに集結しそこに十四日間滞在した後、遠隔地での訓練の利点のために我々の願いを聞き入れ移動した。新しく設立された国民軍においては、故郷の近くにいることは士官にとって不便であり兵士にとっては有害だと常にみなされていたのだった。

大隊は一七六〇年五月一〇日から一七六二年一二月二三日までの二年半以上に亘って実地での演習を続けた。この軍人として過ごした時期に、何か包囲や戦争について語るべき話題は何一つなかった。だが私も兄弟分であるフットの喜劇作に出てくるスタージョン大佐に倣い、自分の進軍と後退を、私の日記や当時の記録に基づいて忠実にここで綴っていきたいと思う。

一．我々の最初の快適な駐在地点はブランドフォードであった。この場所で二ヶ月間ほど（六月一七日〜八月二三日）地方風景の美しさ、その場所に滞在している紳士の歓待、指揮と訓練という新鮮な経験、そして日々の著しい成長の自己意識を享受した。

二．この営舎から我々はポーツマスの近くにあるポーチェスター城を占領していた三千二百人のフランス軍部隊を攻撃するために進軍した。我々のこの敵軍は恐怖というより憐れむべき対象であった。というのも非武装の捕虜たちであったからだ、という事実は隠すべきではないだろう。彼らの悲惨さは公的と私的によって多少は軽減されたが、彼らの置かれている窮状は戦争の災禍を体現していて、彼らの喧しい振る舞いはその国民性を表していた。一七六〇年の九月、一〇月、一一月の三ヶ月の間に大尉一人、下士官四人、兵士二百三十人を最初はヒルシ兵舎から、後には本拠地であるティチフィールドとフェアラムから大挙して派兵することにより、この不愉快な義務を履行した。ポーツマス正規軍の域内の兵舎は、湿気の多い荒涼とした場所に建設された安かろう悪かろうの小屋であった。我々はこの不健康な場所で多くの隊員を熱病と天然痘で失った。そしてポールトン公爵と我々の争いは一連の拘束状、陳情書、軍法会議を生み出すこととなり、それが連隊の平和同様規律にも相応の有害さをもたらした。

三．我々はこの病と不協和音から逃れることを喜んで、シシングハーストの千八百人のフランス軍捕虜の警護の目的で派遣されたケント州の森林地帯への長い遠征（一二月一日～一一日）を如才に遂行した。もともと我々の人数の少なさでは義務の成就が困難であったが、季節、国土、そしてその場所の想像を絶する汚さがそれをより一層困難なものとした。だがこの辛苦は短期間で終わり、その月の終わりごろには新た強い政治体制におけるトーリー派の友人たちの計らいでこの義務から解放されたのであった。

四．ドーヴァーでの五ヶ月間（一七六〇年一二月二七日～一七六一年五月三一日）によようやく一息入れることができた。兵士にとって宿舎は衛生的で潤いのあるものであり、そこでの退屈な閑暇も春のドーヴァー城内における第十四連隊との交流や海上のパーティなどによって活気づいた。我々への迫害も終わり指揮権も確定した。我々は自分たちの武勇に関して、フランスの海岸を毎朝見ながら訓練を繰り返しては微笑んだ。そしてドーヴァーを去る前にかつてブランドフォードから出立する前に持っていた統一感と規律を取り戻したのであった。

五．一七六一年の夏に、我々が以前から求めていたウィンチェスターの近くにある野営地を獲得して天幕を張った。ドーヴァーからハンプシャーのアルトンへと行軍することは快適な散歩であった（六月一日～一二日）。私は新たな精鋭部隊の歩兵の大尉として任命され、正規の軍服と装具をつけた我々は正規軍のような外観をも呈することになった。この野営の四ヶ月間（六月二五日～一〇月二一日）は、我々の軍隊生活の中でも最も華やかで有益な時期であった。我々の兵力は五千人にまで上り、具体的には歩兵第三四連隊と、ウィルトシャー、ドーセットシャー、南ハンプシャー、パークシャー、南北グロスタシャーの国民軍計六個兵団であった。正規軍は自分たちの模範的とも言える卓越的な様子に満足し、グロスタシャー、ドッセットシャー兵団は、彼らの大佐ブルース卿の厳格で熟練した規律によって形成された合計八百人の兵士たちによってなる活動的で堅固で優れた装備を施された連隊、国民軍の誇りであり模範でもある卓越した価値を持つウィルトシャー兵団と同程度のものへと着実に近づいていった。この宿営地へと入っていく際、疑いなく我々は最後で価値が一番低い者たちであったが。

最後に来ること、恥じるべし（ウェルギリウス『アエネーイス』第五巻、一九六）

強い羞恥心が逆に我々を奮い立たせて不断の努力を注ぐことによって、南ハンプシャー軍団は全体の観閲式で並ぶ際、恥ではなくなんとか評判を得ることができた。快く教え熱心に学ぼうとする友好的な競争心が我々相互の進歩を促したが、宿営地において最も重要な練習とも言うべき軍隊として行動し活動する演習に関しては、我々の愚鈍な司令官エフィンガム伯爵の脳裏に浮かぶことがなかった。

六．四ヶ月間（一七六一年一〇月二三日～一七六二年二月二八日）我々は冬の宿営地としてディバイザスに逗留したが、そこは無秩序極まりなく病が蔓延した混み混みとした街であった。働くことが許可された兵士はそこで多額の金を稼ぎ、住民や黒い衣で身を包んだバレ大佐の銃士との酔っぱらった争いは、二十一回に及ぶ軍法会議における厳しい判決によってなんとか抑制された。だがディバイザスにおいて、国民軍の法規の形式と精神にあまり拘泥せずに手持ちの軍資金を用いることによって多数の活きのいい若者たちを兵士として雇うことができた。

七．ソールズベリーへの短い行軍と滞在の後、アブランドフォードの古い友人たちを十週間

（三月九日～五月三一日）に再度訪問し、そこでのイングランドの庭園で現地の人々からまた温かい変わらぬ歓待を受けた。春の時節は我々の軍事演習にとって好ましいものであり、かつて設立されたばかりの我々の連隊を世話してくれたドーセットシャーの紳士たちは、今では彼らの連隊にその外観と規律で決して劣らない連隊を賞賛した。

八．三年の任期が満了し隊の大勢の男たちを除隊させる必要により、一七六二年の夏に我々は野営することがなくなり、我々の兵役の最後の六、七ヶ月間では（六月～一二月）軍旗はサウサンプトンにとどまっていたのであった。しかしこれほどの長い期間の歓待を受けたので、滞在期間の最初と最後の数週間に全兵力にも及ぶほどの隊をフォートンとフェアラムにいるフランス人の捕虜の警護のために要請されてもそれに不平を述べるのは不当だと考えられた。再度のクジによる選抜はゆっくりとしていてなかなか進まなかった。八月と九月のサウサンプトンにおける我々の生活は確かに陽気で忙しくあった。大隊は若さと逞しさで再び活気づいた。そして我々の成長も迅速であり、このまま国民軍が継続してもう一年活動していったならば、自分たちの同胞の最も完璧な隊とも決して劣らないだけの力を持つようになったであろう。和平の予備交渉と休戦が成立したことにより我々の今後の運命は決まったのであった。国王と議会の感謝を受けながら我々は除隊した。そして一七六二年一二月二三日に各々の中隊はそれぞれの地方において解散した。裕福だった士官は己の自由に喜んだが、資産がない人たちは給料と職がなくなってしまったことに嘆いた。だが経験から、彼らの大多数が軍隊に奉仕した際の習慣によって堕落したのではなく教化されたことがわかった。

よほど冷淡か怠惰な気質でもない限り、若者というのは戦争の遊戯にすら目を輝かせるものである。そして私も最初の熱意が燃え盛った際には本気で兵士を恒常的な職業として選ぼうとしたことすらあった。だがこのような軍事的な熱狂は己の醜い裸体を次第に露出させるようになった戦の女神ベローナ[31]の姿を眺めることにより冷却していった。私が一人の紳士であり文学者という本来の境遇へと戻るために今までどれほど嘆息を漏らしたことか、そしてキケローの次の不満をどれほど繰り返し口にしたことだろうか。つまり「鞍が牛に乗せられていて、私が労務においてどれほど疲労しているか信じられないことでしょう。それは私の知的な活動と努力と私の誇りである著作に止めを刺してしまったのです。私は社会と本と故郷と私の家とあなたたち友人たちを懐かしく思います。でも一年だけならなんとかそれを我慢できます。でもそれ以上延びると、もうだめです（キケロー『アティクスへの手紙』五、一五）。危険のない兵役から抜けることは別に不名誉とは思われないだろうが、私の父の権威、サー・トーマス・ワーズリーの懇願、そして私が大黒柱として隊の安寧にある種の配慮をしなければならなかったことから、私の足枷は締め付けられた。私の本来の職務は私の中隊と、後には近衛中隊の指揮だけであったが、先任大尉の職にある私は大佐と少佐の信頼を得ていたことによりその代理も任されていたので、彼らがいようと不在だろうと指揮する者として振る舞った。我々の争いに関する陳情書や手紙は全て私が書き、兵たちの瑣末あるいは重大な派遣も私の特任の仕事となっていた。そして私がボールトン公爵の副官を押し退けた後は、常に隊を夜戦で訓練させた。サー・トーマス・ワーズリーは食べることと寝ることが好きな気の良い呑気な男であり、我々の開催する会議は深夜と早朝におけるあらゆる演習でより際立つものとなり、彼を睡眠へと誘う同じ太鼓の音によって私は閲兵の場へと赴いた。彼が手本となり、私の日頃の多い、というより多すぎる飲酒が痛風の種を私に植え付けたのであった。これほど多くの忙しく怠惰な時間を浪費したことは何らかの優雅な娯楽によって報われるようなことはなかった。そして私の学者としての知識も紳士としての礼儀とは無縁な我らの田舎の士官たちとの交際で私の精神は知らない間に堕落していった。

しかしどんな状態にも善と悪の均衡があるのだ。座ってばかりいたこれまでの生活の習慣はこの活動的な仕事という義務によって有益に粉砕されたのであった。私は健康的な戸外での演習によって猟犬の代わりに大隊を率いて狩りを行ったのであった。当時は、どんな些細な個人的なあるいは連隊に関わる用事でも、呼び出されたら昼夜どの時間であれすぐに軍営地からロンドンへ、ロンドンから軍営地へと飛んで行ったのだった。だが私が国民軍に恩を負っている最も大きなものは何かと言うと、私を一人のイギリス人と兵士へと育ててくれたことである。もし私がこの今まで見たことのない新しく多様な光景と新しくできた友人たちによって打ち震えなかったのならば、そしてこの経験によって私の祖国の指導者たちの性格や政党の現状、官庁の形態、文民と軍の体制の機能に関して直接接することがなかったのならば、外国での教育を終えて帰国してきた私はその控えめな気質と共に祖国の中に長期間にわたり他所の外国人として留まっていただろう。この平穏な従軍生活において、私は軍の戦術に関する理論と基礎用語を習得し、それが私の研究と観察の新しい平野を開いたのであった。私は教授と退役軍人の双方の経験を統合した唯一の著者であるクィントゥス・イキリウス（ギシャール氏）の『軍事教本』を熱心に読んでは考えに耽った。近代の大隊の規律と発展に関して古代ギリシアの密集軍であるファランクスや古代ローマの軍団レギオンについてより明確なイメージが抱けるようになり、そしてハンプシャーの精鋭部隊の大尉は（読者諸君は微笑むだろうが）ローマ帝国に携わる歴史家にとって決して無用な存在ではなかったのだ。

時間の浪費に関しては、私自身と国民軍の名誉にかけてその浪費の非難の大部分は教えるのと学ことが不可欠だった兵役の最初の七、八ヶ月に限定しなければならない。ブランドフォードでの気晴らしやポーツマスでの抗争は戦に向けられなかった時間を浪費し、宿舎や兵舎、守衛室での慌ただしい時間の真っ只中で全ての文学的な観念は私の頭から消え去っていた。この長きにわたる文学的な飢餓は私の人生で最も長期間だったが、その後ドーヴァーにおいて読むことと書くことの喜びを再び味わった。そしてキケローの哲学的な著作のうちの一巻を開いたときの私の飢えた渇望は脳裏に今もなお刻まれている。『文学研究論』を刊行する前の最後の校閲において、キケローの『神々の本性』を開き吟味する気持ちに私はなった。そこから私の興味がボゾーブルの『マニ教の批判的歴史』へと導かれた。その作品においては異教とキリスト教の神学に関する多数の深い疑問について議論していた。そしてこの豊穣な宝と言うべき多数の事実と意見から、私はこの著者が扱う神聖な領域をも越えて結論を導き出した。私はこのような文学的な復活の後、怠惰に堕することは二度となく、私自身の実例からどれほど人生の瞬間が研究に不適切なものだろうと、何かしらの時間を盗んだり数分でも切り取ったりして研究に割り当てられるという証拠を引っ張り出せるかもしれない。ウィンチェスターの野営地での喧騒の真っ只中において、私は天幕の中で思考したり読書することがしばしばあった。ディバイザスやブランドフォードやサウサンプトンでの長期の駐屯では私は常に他人から隔離された部屋と必要な書物を確保した。そして一七六二年の夏、新たな国民軍が設立されつつあったが、その間には私はベリトンにおいて二、三ヶ月文学的な平安を享受したのであった。新たな研究計画を立てるにあたって、数学かギリシア語のどちらに従事するかに思い悩んだ。どちらも私がローザンヌから帰国して以来、手をつけていなかったものだ。私は学識ある友好的な数学者でド・モアブルの弟子であったジョージ・スコット氏と相談し、彼が提示したこの分野の地図を私自身は探検しなかったものの、他の人々にとってはもしかするとより有益なものとなるかもしれない。

私がギリシア語の学習を選択するとスカリゲルの手本と私の理性に基づき、私はすぐに詩人の父であり古代人の聖典であったホメロスに従事することを選んだ。しかしスカリゲルは『イリアス』を二十一日間で学習したのだが、私としてはそれと同じだけの学習を同じ数の週、つまり二十一週間かけて発揮した勤勉さを決して不満には思っていない。最初の困難を乗り越えた後は、自然と調和に満ちたこの言語はすぐに簡単で親密なものとなり、私は一日ごとに海をより活発な疾風と落ち着いた走行で渡っていったのであった。

船が進んでいき、波を分け隔てて進んでいくにつれ
風は帆に力一杯吹き付けて
暗い波が渦巻き、凄まじい音が鳴り響く
（ホメロス『イリアス』第一巻、四八一～四八三）

それ以後、最も親密になったこの詩人の研究において、私はギリシアの作家の多数の文や断片を次から次へと参照していったが、それに関して私は特にゲールの『神話小品集』の中のホメロス伝、ストラボンの『地理学』の数編、そして題名とその文体から「崇高」としての呼称が相応しいロンギノスの作品全体を挙げたいと思う。私の文法技術は上達し、語彙も広がった。そして国民軍に従軍しながら第一等の言語に関する正しく忘れられない知識を獲得したのであった。行軍する度に、あらゆる旅程で私のポケットと手にホラティウスの作品を所有してい

た。しかし今ではウスターの主教であるハード博士による巧みな注釈がなかったなら私は毎朝読んでは楽しんでいたホラティウスの二巻の批判的書簡詩についてここでそれを取り上げることはなかっただろう。私自身も叙事詩と劇詩の創作と模倣に関した興味深い主題について分別という主人と衒学というその従僕のたっぷりとした自由な私の考察を書き切るには二折り版五十ページの論文では到底足りなかった。

サミュエル・ジョンソン氏の啓示に従い、私の友人であるサー・ジョシュア・レノルズは人間がある特定の技術や学問へと偏向するような先天的な精神の素質について完全に否定している。形而上学的あるいはむしろ言葉上の議論について首を突っ込まずに、私は自分の経験から、子供のときから歴史家としての性質に憧憬してきたことは知っているの。私が国民軍に従軍していた間、そして『文学研究論』を刊行する前も後も、このような考えが私の脳裏により鮮明になっていった。この時期に抱いていた想いを最も生き生きと伝えるには、当時綴っていた日記の各々の日付のある記事をいくつかここで紹介するのが最善だと考えている。

ベリトン、一七六一年四月一四日
（ドーヴァーからの短い遠征において）

私は歴史的な事柄で文を書くにあたっての題目をいくつか思い巡らせた末に、私はフランスの王シャルル八世のイタリア遠征を選択することにした。私は『碑文文芸アカデミー紀要』（第十七巻五三九〜六〇七ページ）のフォンスマーニュの二つの論文を読み、そこから抜粋した。私はさらに、シャルル八世のナポリ王位への権利、反目するアンジュー家とアラゴン家の各々の主張について考察する論文を書き終えた。それは二折り版十ページ分であり、さらに多数の注釈が加わる。

ベリトン、一七六一年八月四日
（ウィンチェスターから一週間の外出先において）

私の歴史の論考に関する題目を色々と考え抜いた後に、私が最初に念頭に浮かんでいたシャルル八世の遠征はあまりにも我々と無縁な主題であり、それはそれ自身が偉大で重要であるというよりその後に続く大きな出来事の序章と考え放棄した。私はその後リチャード一世の十字軍、ジョン王とヘンリー三世を相手取った貴族戦争、黒太子エドワードの遍歴、ヘンリー五世とローマ皇帝ティトゥスの双方の生涯と比較、サー・フィリップ・シドニーもしくはモントローズ侯爵の伝記等々を次から次へと選んでは断念した。最終的に私はサー・ウォルター・ローリーを主人公として決定した。彼の波瀾万丈な人生は兵士であったり水兵であったり、宮廷人であったり歴史家であったりと変化に富んでおり、もしかするとまだ適切に取り扱われていなかったような主題としての素材を提供できるかもしれないと考えた。目下のところでは、私は自分のこの意図を遂行するだけの余裕がない。自由な余暇と、刊行本にしろ手稿にしろ多数の本を参照する機会が必要だが、それが不可能な状態に私はいる。しかし、私は自分の主題と文献への一般的な考察を行うためにバーチ博士による『サー・ウォルター・ローリー伝』、同じ作者による『世界大事典』の中での彼についてのたっぷりとした論考、そしてヒュームの『イングランド史』におけるエリザベス女王とジェームズ一世の治世について読んだ。

ベリトン、一七六二年一月

（ディバイザスから一ヶ月間不在だった時に）

私はこの休息の中休みの間に、再びサー・ウォルター・ローリーについて考えた。そして自分の手元の資料についてより入念に吟味した。私はバーチ博士編纂の『ベーコン資料』四折り版全二巻、サー・ロバート・ノーントンの王室文書の断片、マレットの『ベーコン卿の生涯』、そして彼の著作集の第一巻に収録されたこの偉大な人物の政治論考と第二巻に収録されている彼の多数の書簡を読んだ。サー・ウィリアム・モンソンの海軍事論集、オルディス氏が彼の『世界の歴史』の最良の版として書き添えた巧みな『サー・ウォルター・ローリー伝』に目を通した。読んでいくうちに私の選択した題目が浮かび上がり、それに接していくにつれより鮮明なものとなっていく。

ベリトン、一七六二年七月二六日
（夏季滞在の間に）

遺憾ながら私が選んだ主人公を放棄しなければならない。しかし私が彼の生涯についてとイングランドの年代記の中の輝かしい時代を研究したことは決して無駄ではない。オルディスの『サー・ウォルター・ローリー伝』は非常に粗末な出来栄えである。これは退屈を覚えるほどにやたらと気取った味気ない文体で描かれたへつらいを目的とした賛辞か、何ら特徴のない弁明である。だがそれでも、この著者は学識ある勤勉な人間だったのであり、自分の執筆したテーマについての文献は何もかも目を通し、その広範囲に及ぶ資料は理路整然と整理されている。最近になってシドニーとベーコン関係の文書で公になったいくつかの逸話を除外すれば、付け加えるべきものを私は知らない。私の野望は（文体と感情という不確かな長所を除けば）このオルディスの手際の良い縮小版を公に送る以外ない。私はこの内容たっぷりの著作のいくつかの部分において、非常に無味乾燥で不毛なところを見出すのに失望すら覚えるのだが、残念なことにそういった部分こそが彼の最も特徴的な部分なのだ。ローリーによるヴァージニア植民、彼のエセックスとの確執、彼の行った陰謀の真相、そして何より伝記作家にとって非常に重要であり不可欠なものである彼の私的な生活における詳細といった部分がそれなのだ。私の最善の工夫としては、その時代の歴史の周辺にあるもの、例えばベーコン卿の姿を描写する際に述べる逍遥学者哲学の運命のようにいくつかの脱線を巧妙に挿入することなどが考えられる。しかしエリザベスとジェームズ一世の統治は英国史の中でも最も多様に言及されてきた時代である。そういった分野でバーチは正鵠を得た勤勉な努力を注いできたし、ウォルポールは逞しい生き生きとした興味深い鋭利さで、ハードは批判的な精神で、マレットとロバートソンは逞しい感性で、ヒュームは公正な哲学的な眼力で述べてきたわけだが、そのような分野において私はどのような新たな光で照らしたらいいのだろうか？譬えそういった障害を乗り越えることができたとしても、私は現代のイギリスの歴史には恐怖で身が縮む。というのも全ての登場人物が問題を抱えているし、全ての読者が敵か味方かどちらかであるからである。そしてどちらの陣営につき旗を掲げようとも、敵対する派閥からは非難を浴びることは避けられないのだ。そういった境遇を私は母国において送ることになるわけであり、一方海外においては、ローリーに携わる歴史家は非難や弾劾よりもさらにひどい無関心という対応に必ずや遭遇することになるのだ。彼の人生における波瀾万丈な出来事は確かに興味深い。だが彼の性格については曖昧であり、実際に取った行動もはっきりとしておらず、彼の著作も英語である故にその名声は我らの言語と島国という狭い範囲において限定されているのだ。私はもっと安全で領域の広いテーマを選択しなければならないようだ。

実は何よりも優先して選びたいと思っているテーマがあり、それは「スイス国民の自由の歴史」、つまり勇敢な国民たちがその独立性をオーストリアの王家から救い出しフランス皇太子から守り抜き、最終的にブルゴーニュのシャルルの血で勝ち取ったという歴史である。このような国民精神や軍事的な栄光、善徳の範例や政治の教訓でいっぱいのテーマにおいては、どれほど鈍感な余所者であろうとも何かしら心に燃えるものがあるだろう。私としても愛国の熱情によって自分の才能が、それが何であれ、点火することを期待して何が悪いというのだろうか。しかしながらこの歴史の資料は私が全く無知な古い野蛮なドイツ語方言という不鮮明さによってほとんど解読することができず、このような奇特な目的だけのためにその言語を学ぼうという決意をすることはとてもできない。

私は今言及した歴史とは対照的なもう一つのものを念頭に置いている。つまりこのスイスの歴史は貧しく好戦的で道徳的な共和国が栄光と自由を勝ち取ろうとするものであるのに対して、こちらの方は福祉的で柔和で、裕福で堕落した共和国が当然の結果として次第に自由の乱用から喪失へと転落していくものである。だが両方の歴史も教訓に富んでいるものである。この第二のテーマは「メディチ家支配下におけるフィレンツェ共和国の歴史」であり、百五十年の間でフィレンツェの民主政治の残余からトスカーナ大公国のコシモ・デ・メディチ[32]の爵位と支配権へと上昇あるいは下降していく歴史である。私はヴェルトーの作品ほどの価値もあるくらいには、一連の革命を述べていけるかもしれない。特殊な人々と特殊な出来事、メディチ家の四回に渡る追放と復帰、そしてカール五世の武器とコシモの政策に嫌々ながら屈服するに至ったこの自由な風潮。サヴォナローラの性格と悲劇的な運命や、イタリアでの文芸復興（ルネサンス）はこの一家の台頭と共和国の失墜と必然的に連関する。学問を復興あるいは促進するために運命によって創造されし一家（リプシウス『ゲルマン人とガリア人への手紙』第七）のメディチ家は学問のパトロンとなることにより著名な存在になった一方、彼等の敵はその熱狂を最も凶々しい武器とした。ほぼ間違いなく私はこの華麗な主題に決定するだろうが、だがいつ、どこで、どうやって取りかかれるのか、その暗くて疑わしい見通しに私は佇むばかりであった。

事象は大地の下の闇へと沈降せし（ウェルギリウス『アエネーイス』第六巻、二六六）。

第六章　大陸周遊～ベリトン～ロンドン、父の死（一七六三～一七七〇）

少年時代に身につけたフランス語と習慣はもっと大きい規模で自由な計画の下で大陸を再訪したいという熱烈な思いを私に抱かせるようになった。習慣とおそらく理性の法則に従い、イギリス人紳士としての教育は外国旅行によって完成される。私の父は私の願いを受け入れてくれたが、私が軽率に国民軍に従軍し拘束されることになり、旅行は四年間延期された。私は自分が自由を得たらすぐに旅行することにした。私の旅の支度と友人や親類たちへの別れの挨拶のために三、四週間ハンプシャーとロンドンで過ごした。私の街における最後の行動は、マレット氏の新作悲劇である『エルヴィラ』を称賛することであった。駅馬車が私をドーヴァーへと、そして客船がブローニュへと運んだ。そしてこのようにひたすら旅に注意を注いだために早くも私はパリに一七六三年一月二八日に到着し、それは国民軍が解散してから三十六日間しか経過していなかった。私が旅でイギリスを離れる期間は二年か三年という具合に漫然と決定し、私の嗜好と判断にとって最も快適な土地とやり方で自由に過ごしていい状態にあった。

私はこの最初の訪問においてまずパリで三ヶ月半（一月二八日から五月九日）過ごしたわけだが、その土地の人々と一切交流せずとも実際のこれよりもはるかに長い期間でも快適に過ごすことができただろう。我々は故郷の家では娯楽や用務について毎日忙しく動き回ることに満足するが、その際に目に入る光景は我々の知識に取り組まれているもの、少なくとも我々の力の掌中にあるものだと想定するわけだが、外国においては、その人の好奇心こそが用務であり娯楽であるのだ。そして自分が無知であるのを自覚し時間も一刻たりとも無駄に過ごしたくない旅人は、自分が注意を払うべき価値がある対象全てを探し回ってみることに熱心な状態にある。私は早朝のたくさんの時間をパリとその近郊を歩き回っては観賞し、建物として世界で有名な教会や宮殿、帝室の工房、蒐集された書物や絵画、あらゆる多彩な芸術、学問、そして奢侈な財宝を見学した。こういった人の注意を引く、高価な対象物がロンドンよりもパリにおいて多く見受けられていて、その理由はフランスの豊穣な財産がフランスの政府と宗教からくるからだ、と聞けばイギリス人も進んで聞き入れてくれるだろう。ルイ十四世とその後継者たちが不在であったことにより、ルーヴル宮殿は未完成のまま残された。だがヴェルサイユの砂地とマルリの沼地に蕩尽された莫大な金は、イギリスの国王の法律に基づく収入ではとても足りない金額であろう。フランスの貴族たちの壮麗さは彼らの街の住処に限定されているのに対して、イギリスのそれは一層効率的に彼らの田舎の居住に分散されているので、もしインヴェレーリからウィルトンまでにある建築の成果やイタリアやギリシアからの戦利品がマリルボンからウェストミンスターの間にあるいくつかの街路に集積されるならば、我々は自分の国の裕福さに驚愕するだろう。全ての余分な装飾がプロテスタントの節制によって排除されているが、常に理性の敵のはずのカトリックの迷信がしばしば趣味の生みの親となることがある。僧侶や修行僧の裕福な組織は堂々たる建物のために自分たちの収入を注ぎ、パリで最も壮麗な建築物の一つであるサン・シュルピス教区の教会も、既に亡くなった一人の司祭による私的な努力によって建築され装飾を施されたものなのだ。私の旅程の最初の部分においては無論のこと、その途上においても私は絶えずこれらの景観を見ては楽しんだのであった。しかしこういった素晴らしい光景は決して筆で描き切ることはできない。そしてあれから二十五年経過したので、それらの光景の具体的なヴィジョンもだいぶぼやけたものとなった。そして私の生涯の自伝が旅行記に堕することはあってはならない。

しかし、私の旅行における最大の目的は私が好む故に強い偏向を抱いてきた洗練された愛想の良い人々との交際を楽しむことであり、交際することにより自分たちの著作よりもはるかに快適で教えを受けられると好意的に思い込んでいた著者たちと会話を交わすことにあった。そのための時期は絶好な時間であった。戦争が勝利によって終わったので、イギリスという名前は大陸において名声を博していたのだ。

人における有名で尊敬すべき名前（ルカヌス『ファルサリア』第九巻二〇二）

イギリスの意見、風習そして娯楽までもがフランスで流行していて、国家の栄光における光がその国民の個々人にも波及し、イギリス人は誰もが生まれながらにして愛国者であり哲学者だ、と過大評価された。私自身としては個人的な推薦を抱えていたとも言える。というのも私の名前と『文学研究論』は既にここで知られていて、フランス語で執筆するという私から彼らへの敬意は丁重な応対と感謝の幾分かを返礼として獲得することができた。私は一人の文学者、いやむしろ自分の趣味で執筆する一人の紳士とみなされていた。私の外観や衣装や馬車は、パリですら家門と財産の強みを持っていた人々から内密に羨望され、軽蔑された作家たちと違った存在として区別されていた。私はイギリスから出立する際にニヴェルネ公爵、ハーヴィ夫人、マレット夫妻、ウォルポール氏等から彼らの個人的な友人や文壇の上の仲間に宛てた多数の紹介状を手に入れていた。これらの紹介状において、その需要と効果は書いた人物並びにその宛先の人物の性格と地位如何であった。種は時には不毛な岩の上に落ちることもあったけれど、時には新しく萌芽しそこから枝が伸びていって美味な果実を百倍も産出したこともある。だが全体としては、宮廷から店や小屋や学校へとその温和な影響力を波及させる国家の統合性について賛美してもそれは尤もなことだったと言えよう。

この時代の天才のうち、モンテスキューとフォントネルは既にこの世にいなくなっていた。ヴォルテールはジュネーヴ近くにある自分の私有地に居を定めていたし、ルソーはその前年にモンモランシーの隠遁地から追放されていた。そして私はビュフォンとお近づきになろうとしなかったことを思うと赤面してしまう。私が出会った文人の中で、ダランベールとディドロが業績、少なくとも評判において最上級にあった。この二人の友人はあたかも水と火の如くであったが、その爆発は煙で覆われてその流れは優雅さを欠いていていてとしても、澄んでいて豊穣なものであった。私はここではケリュス伯、ラ・ブレトリ、バルテレミ、レナル、アルノー、ラ・コンダミーヌ、デュクロ、サント・バレ、ブーガンヴィル、カプロニエ、ギーニュ、シュアール氏らという著名な人物たちを列挙することで満足することとし、彼らの互いの性格の違いや私と彼らのつながりの程度を詳細に区別することは控えたいと思う。私が彼らを早朝に訪問した際、このパリの著作家たちや才人たちは金持ちの家で同僚たちとの社交に参加したいた時よりも、彼らが一人で自宅にいた時の方が去勢を張らずより分別を有していることを見出した。一週間のうち四日間、ジョフラン夫人やデュ・ボカージ夫人、高名なエルヴェシウスやドルバック男爵等による歓待の食卓へと招待なしで私は列席していたのであった。これらの饗宴では、食卓上の喜びは生き生きとした気取らない会話によってより増大した。参加者たちは多種多様で自発的であったにも拘らずえり抜きであり、招かれなかった客は皆あの傲慢で不恩な文を口にしてしまうのではないだろうか。

招かれざる名だたるものが価値なき者どもの宴へと顔を出す
（エウポリス『黄金の種族』断片）

それでも私はジョフラン夫人の気まぐれな暴君的気質によく嫌悪感を抱いたものだし、ドルバックやエルヴェシウスの友人たちである哲学者や百科全書派の傲慢な情熱を我慢することなどできなかった。彼らはヒュームの懐疑主義を嘲り笑い、頑迷な教条主義と共に無神論について説き回り、全ての信仰者を嘲笑と軽蔑を現しながら非難した。デュ・ボカージュ夫人の社交界は彼女の競争敵と比較すればまだ穏和で落ち着いていた。そして晩におけるド・フォンスマーニュ夫人宅での対話は碑文文芸アカデミーの主たる会員たちの良識と学識により、さらに上等なものとなった。オペラ座とイタリア喜劇に私は足繁くに通ったが、日常的に好んで通ったのは悲劇にしろ喜劇にしろフランスの劇場である。二人の有名な女優たちが観衆の喝采を二分していた。私としては賞賛者たちが自然と情念の純粋な声であると激賞していたデュメニルの放埓な才気よりもクレロンの完璧な技巧を好んだ。私は毎晩訪問すれば親密さと喜びの微笑みで間違いなく迎え入れてくれる女性の友達と結んだ最も喜ばしい関係に関しては最後まで取っておいた。私はマレット夫人からボンタン夫人へと手紙を渡した。ボンタン夫人はトムソンの『四季』をフランスの散文へと翻訳したことで評判を博していた。最初に面会した時から遠慮する気持ちを払拭するような共感を互いに覚え、お互いの心の内を見せ合った。

彼女の見せるあらゆる表情、あらゆる仕草は分別があり同伴者として居心地が良かった。文学的栄誉など気にしない作家であり、宗教的な傲岸さとは無縁な信仰者であった。彼女は巧みなやりくりによって少ない収入を管理していた。ケー・デ・テアタンの上にある彼女の部屋は川や橋やそしてルーヴルを見渡すことができた。彼女による親しい者同士の晩餐は自由さと嗜好によって飾られていた。そして彼女に同伴して私の馬車で彼女の知り合いの家に伺ったり、最も著名な説教者の説教に赴いたり、サン・ドニ、サン・ジェルマン、ヴェルサイユ等への楽しい遠出を行ったりした。中年でありながら、彼女の美貌はまだ憧れの対象であった。ミラボー侯という著名な名前は、彼女の最初の恋人でも最後の恋人でもなかった。しかし彼女の心が動かされやすく、彼女の情念が燃え盛ったにせよ、彼女の弱さには貞淑というヴェールが包まれていた。十四週間は気付くことなくあっという間に過ぎ去っていった。しかしもし私がもっと裕福で自立していたなら、もっとパリに長く滞在してあるいは定住したかもしれない。

パリとイギリスの奢侈な風習で過ごすことを鑑み、両国の間に数ヶ月ほど落ち着いた朴訥な環境で過ごしたことは賢明であった。そしてローザンヌに想いを馳せ、私は再度少年時代の喜びと研究で生活した。いとこのアクトンが親切に歓待してくれた最後の場所であるデジョンからブザンソンまでの経路を方向づけ、一七六三年の五月に私はレマン湖の岸に到着した。私はアルプス山脈を秋に通過する予定だったが、その場所のあまりに素朴な魅力ゆえに、ローザンヌから出立するのは年が明けた次の春になってしまった。五年ぶりの訪問だったが、その土地の風習や人々はそれほど変化していなかった。男にしろ女にしろ私の古き友人たちはその土地への紛うことなき愛着の証である私の自発的な帰還に喜んでくれた。彼らは自分たちの郷土の産物というべき私の著作の贈呈に喜び、かの善良なパヴィヤール氏は自分の虚栄心と友情に喜びを覚えるような己の生徒を抱擁しては喜びの涙に咽んだ。私のかつての知り合いに加え幾人か新たな人々と知り合いになった。彼らは私が以前ローザンヌに滞在していた時はそこにいなかったか私と巡り合う機会がなかったかであったが、それらの馴染みのない人々の中で特に現在の公爵の弟であるビュルテンベルク侯ルードヴィヒが私にとって大きな印象を残し、私は彼のローザンヌ近くにある自宅で頻繁に夕食を共にした。彼は彷徨う流星であり、最後は堕ちる星であった。彼の軽薄で野心的な精神はプロイセン、フランスそしてオーストリアの天空から次第に墜落していった。そしてかくして彼自身は不運と呼んでいたその短所によって彼はヴォー地方での哲学的亡命を取らざるを得なくなった。彼は今や世界の虚しさ、人類の平等性、私的な境遇における幸福について道徳的に説明することができるようになった。彼の話し方は愛想が良く丁寧で、宮廷や軍隊で過ごしたこともあったので、彼のその記憶を用いて興味深い逸話を多数、雄弁性で凝らしながら聞かせることができた。彼の最初の情熱の対象は慈善と農業であったが、この賢者は次第に聖者の存在へと逸脱していって、ビュルテンベルク侯ルードヴィヒは現在ではマインツにある隠遁地で神秘の信仰の最後の仕上げとして埋葬されている。

いくつかの宗教的な論争によってヴォルテールは自身をローザンヌから退去させざるを得なくなった。しかし彼の創設した劇場や養成した俳優たちは主がいなくなっても活動を続けられた。そしてパリから私は最近、いくつかの悲劇と喜劇の上演を楽しみながら鑑賞した。特定の俳優名や登場人物名を挙げようとはしないが、私はスイスの風習と言ってもよい無垢な自由を演じたある私的な団体について忘れることができない。私のこの好みの団体はメンバーたちの年齢層から「春の会」という誇らしげな名前が付いていた。その団体は最上位ではないにしても上流階級の十五人から二十人の若い独身女性たちから構成されるものであり、最も年齢の高い人でも二十歳くらいであった。彼女たちは皆愛想が良くて、数人は器量もよく、二、三人は美貌の持ち主であった。互いの家に彼女たちは毎日集まった、母やおばによる管理どころか居合わせてもなく、ヨーロッパ中の諸国出身の若い男たちの群れの中で彼女たちの分別に任せたのであった。彼女たちは笑い、歌い、踊り、カードあそびをし、喜劇を演じた。だが羽目を外したこの陽気さでも、彼女たちは互いに敬意を示し、男たちにも敬意を払われた。自由と放縦の見えない境界線は決して身振りや言葉や眼差しによって跨がれることはなく、彼女たちの処女的な貞淑さは恥や不信の息によって汚されることはなかった。

インググランドとパリの奢侈を味わった後では、パヴィヤール夫人のテーブルクロスが敷かれた机へと戻るにはどこか我慢を覚えざるを得なかったし、彼女の夫も今や私が下宿人としてメズリ氏のより品のよい宅へと出入りすることになっていたことに気分を害することもなかった。その宅は建築されたから二十年以上経過し、おそらくヨーロッパと比肩するもののない邸であったので、多少その思い出をここに記述してもいいだろう。我々が宿泊したこの家は広々としていて絶好の通りという利便性のある場所に建てられていて、家の裏側からは田舎の自然と湖の絶景を見渡すことができた。食卓では小綺麗ながらたっぷりとした料理が振る舞われた。列席した下宿人は多数いた。決められた価格で誰でも客として呼ぶことができた。そして夏には、集う場所はローザンヌから五キロ弱くらいの快適な別荘へと頻繁に変更された。主人や女主人の性格は互いと互いの境遇にうまく寄り添えていた。七十五歳で夫に先立たれた時にも、メズリ夫人は未だ上品な様相であり、器量が良いとも私は言えるだろう。彼女は厨房と応接室に居座ることが多く、そこで一座を統べる才分を発揮し彼女の公平な客のもてなし方によって、二、三百いた外国の客も全員彼女を敬愛し、彼女から無視されたと不平や、逆に厚遇された衒いも生じなかった。メズリ氏自身は、高貴な家系であるド・クルーザ家の出身であり、同伴者として陽気であり、砕けた振る舞いや気の利いた自然な言葉が彼の家の陽気さを保ったのであった。彼の機知は自分の無知さをも笑うことができた。ケチな取引においても彼は貴族として振る舞うかのように、自分の財産を消費したり友人たちを楽しませた。この快適な一家と共に私は十一ヶ月近く過ごした（一七六三年五月〜一七六四年四月）。しかし国民軍で身につけた習慣や私の同郷人の慣習から影響を受けてから、私は羽目を外して幾分か暴力的な行動に出てしまうこともあった。そしてローザンヌを去る前に、私の若き良き日々の徳の振る舞いによって獲得した公の評価を正当に失ってしまった。しかしこのローザンヌへの二度目の訪問において、同国の英国人たちの中でも王室騎兵連隊の大尉であるホルロイド氏と私は知り合い親密になった。互いの愛着はその後のイタリア旅行においてさらに深くなり、より堅固なものとなった。我々の交際は偶然に左右されているところが多く、相互の側で少しでも居合わせた時間や場所が別であったならば、善良な心と強い知性によっていつも方向づけられ駆り立てられていた若き熱意によって活動していたこの友人と巡り会うことはできなかったかもしれない。

仮に私のパリでの研究が社会という分野に専ら注がれていたとしても、三、四ヶ月のその期間は決して無駄なものではなかった。私の古銭収集館と公共図書館への訪問はそれがどれほど表面的なものに過ぎないものであろうと新たな研究分野を開けてくれたたし、そこにあった多様な時代や人物性格による多数の手稿が二人の偉大なベネディクト派の人物の作品の吟味へと駆り立ててくれた。それはジャン・マビヨンの『歴史公文書学』とベルナルド・ド・モンフォコンの『古文書学』である。私は実践技術を獲得することなしに理論を学んだ。そしてそれらの作品の複雑でわかりづらいギリシア語の省略法やゴシック式のアルファベットにも音を上げはしなかった。というのも自分の慣れた言語でも女性の筆跡の判読しづらい文章を解読しようとしては途方に暮れることはよくあることだったのだから。私の初期の研究時代を思い起こさせるこの静粛な場所で、やる気が出ないなどということは許されなかった。ローザンヌの公共図書館とジュネーヴの図書館は多くの本を私に提供してくれ、娯楽で浪費した時間が多かったにしろ、それ以上の時間が文学的な労力に注がれたのであった。地方ではホラティウスとウェルギリウス、ユウェナリスとオウィディウスが私の熱意の同伴者であったが、都市部ではアルプスを越えることに関連して役立つような研究計画を形成しては実行に移した。古代ローマの地政学、イタリア古代の地理、そして碑銘の学問等々。

一．殆どいつも筆を手に持ちながら私は、グラエヴィウスの『ローマ古誌』の第四巻を満たしているナルディーニやドナトゥス等の巧みな論考を熱心に読み耽った。

二．プロイセンを祖国とし学識あるクルヴェリウスの『古代イタリア』に取り掛かり読了した。彼は己の足で全ての地点を測量し、古代の著者たちのあらゆる記述を編集し整理した。これらのギリシア語またはラテン語によって書かれた箇所は二折り版の二巻のクルヴェリウスによるテキストを参照した。しかしストラボン、プリニウス、ポンポニウス・メラの記述、『叙事詩人一覧表』、ウェセリングの『アントニヌス旅行記』およびティリウス・ナマティアヌスの『帰国旅行記』等は、全て独立した書物で読んだ。さらにダンヴィルの『里程表』とベルジェの長大な作品『ローマ帝国の主要道路の歴史』でこの相似している二つの主題を研究した。これらの文献から英国の距離尺度に合わせた道路と距離の一覧表を私は形成した。二折り版の備忘録に私の収集物と注記をイタリアの地理に書き込んでいき、私の日誌にはローマの居住街区と人口の密度、社会階級間の戦争、ハンニバルによるアルプス越境等に関した長く学識に裏付けられた注記を書き込んでいった。

三．アディソンの心地よい対話に一通り目を通したら、そこからより真剣にエゼキエル・シュパンハイムの広大な作品『古銭学の意義と効用』を読み、国王や皇帝たち、一家や植民者の勲章を古代の歴史の解明のために彼を参考にしながら適用していった。こうして私は自分のイタリア旅行のための備えをしていったのだ。もしかすると旅行者の中で私ほど知識を積み重ねて用意周到にハンニバルの足跡を辿ったのは殆どいないことを自慢してもいいかもしれない。春の再来により登山が可能になるや否や、私はローザンヌから出発し（一七六四年四月一八日）、英国人の同伴者（ギーズ氏、後にサー・ウィリアム）が一人いたおかげで旅の支出を分配し減らすことができた。一年以上の心地よい期間（一七六四年四月～一七六五年五月）を過ごせた私のイタリア周遊の話はごく簡潔にして話を進めていきたい。私の歩いていった経路を辿ることに満足し、私個人の感情に微かに触れながら、すでに数千の現代旅行者によって見られ、数百の現代旅行者によって描述された光景の細かな吟味は控えたい。ローマは我々の聖地巡りにおける偉大な対象であり、そして一．往路、二．滞在、三．帰還の順で記述していくことが最も妥当でわかりやすい段階区別であろう。

一．私はモン・スニ[33]を登り、ピエモンテの平野に降りていった。象の背中に乗ってではなくアルプスの熟練した大胆不敵な籠担ぎの男たちによって運ばれた軽量な柳の席に座ってであった。トリノの建築と統治は各々の飽き飽きした画一的な側面を共通して示唆した。しかし宮廷はまずまずながらも華やかさもある金銭支出によって統制されていて、私はヨーロッパの国王たちの中で第二位に属するサルデーニャ国王カルロ・エマヌエーレに拝謁した。ミラノの大きさと人口の多さはロンドンの住まいに慣れた人だと驚くことはない。大聖堂あるいは大伽藍はゴート民族の迷信と裕福さの未完成な記念碑である。しかし人里離れ、山が四方を囲む湖の真っ只中にあたかも妖精が建築したような魅力的な宮殿が建設されているボロメア諸島へと訪問すれば、魅力的な空想の世界に浸かることができる。私はジェノヴァの諸々の大理石の宮殿にはあまり魅惑を感じず、むしろオーストリアの圧政から解放された（一七四六年一二月）最近の記念物の方に心惹かれた。私は二重の壁に囲まれたこの街において行われた戦いの光景全てを軍事的に観察した。私の旅はファルネーゼ家とエステ家の収集の貴重な記念品によってパルマとモデナで足止めされたが、でもああ！そのうちの大部分は相続または商売取引によってナポリやドレスデンへと移動させられたのであった。私はボローニャとアペニンの路を進んでいって、最終的にフィレンツェへと到着しそこで暑い夏の時期である六月から九月まで滞在した。私は美術館、特にウフィツィの壇上に置かれているメディチのヴィーナスの足元で、彫刻は筆とも同じくらいの美術創作における卓越性を有していることを初めて承認した。そういうことはアルプスのこちら側では殆ど理解したり認識することができない真理であった。故郷において私はイタリア語の授業を何度か受けたことがあったが、ここではトスカーナ方言の古典を博学な現地人と一緒に読んだ。しかし時間もなく、フランス語を私が使用していたこともあり、当地での語学の獲得は何らできなかった。そしてイギリス人を食卓で歓待することを最も真剣な業務としていた我々の公使サー・ホーレス・マンの社交の席では、ただ私は言葉を発さず傍観しているだけであった。フィレンツェを去った後、次に私はピサの孤独とルッカとリヴォルノの産業街を比較してシエナを経由してローマへと十月初旬に到着した。

二、私の気性はそれほど熱狂に駆られるようなことはなく、そして私が感じない熱狂について気取るようなことはいつも軽蔑してきた。しかしあれから二十五年経過した今でも、この永遠の街に初めて近づき、入っていったときの私の精神を駆り立てるように抱いた力強い感情を決して忘れることはできないし、表現することもできない。眠れない夜を一晩過ごした後、私は堂々たる足取りでフォールムの遺跡を歩いた。かつてロムルスが立ち、キケローが弁論し、カエサルが倒れた各々の記念すべき場所を見るとすぐに私の目に焼き付いては離れなかった。そして陶酔状態で無駄にあるいは楽しみながら数日間を過ごしその間私は冷静になり各々の場所を詳細に観察することができなかった。私のガイドは経験と嗜好が豊かなスコットランド人の古物研究者であるバイヤーズ氏であったが、十八週間に及ぶ毎日の労働によって私の注意力もだいぶ困憊するようになり、最後は古代と近代の芸術の主要な作品を選択し研究する能力を身につけた。ナポリの周遊に六週間割り当てていたが、この街はその大きさにも拘らず最も人口が多く、そこの贅沢な住民が天国と地獄の境界線上に暮らしているかのようでもある。私は新たな公使サー・ウィリアム・ハミルトンによって十三歳の少年王フェルディナンド一世に案内された。ハミルトン氏は賢明にも自分の交信先を国務長官から王立協会や大英博物館へと切り替えたことによって自然学者や古物研究家によって計り知れない価値を紹介してきた。私の帰路においても最後にまたローマの奇跡を抱擁したが、ローマ教皇クレメンス十三世レッツォニコの足に口付けすることはせずにそこを立ち去った。というのもこの人物は先任者であるランベルティーニの機知を持ってはいなかったし、後継者のガンガネッリの道徳性も有していなかったからである。

三．私のローマからロレートへの巡礼において、またもやアペニンの山脈を超えた。アドリア海の海岸から現代のイタリアは砂漠であるというモンテスキューの逆説をその存在だけで否定できる肥沃で人気の多い地域を横断していった。当地の人々の頑迷な先入観を採用するまでもなく、私はボローニャ学派の諸々の絵画に心から感嘆した。私は悲しげで寂寥としたフェラーラから慌てて逃げ出した。この地はカエサルの時代ではもっと寂寥としていた。ヴェネツィアの光景は驚嘆と数日間の嫌悪をもたらした。パドゥア大学は消えかかっている蝋燭という具合だが、ヴェローナは今でもその大競技場を誇り、パッラディーオの生誕国ヴィチェンツァは彼の古典的な建築物で飾られている。ロンバルディアとピエモンテの道路（モンテスキューはここをその住民たちを本当に見なかったのだろうか）が私をミラノ、トリノ、モン・スニ峠へと導いていき、再度アルプスを越えてリヨンへと到着した。

外国旅行の有益性についてはしばしば普遍的な疑問として取り上げられている。しかしその結論は、最終的には各々の個人の性分や事情次第ということになる。少年の教育に関して彼らがその若き日々をどこでどのように自分たちと他の人々に迷惑をかけずに過ごすかについての疑問は、私の関与するところではない。しかし年齢、判断力、人と本に関する十分な知識、そして国内や家庭での偏見から解放されているという必要な条件を満たしているということを前提にして、旅行者によって最も必要だと思われる要素を簡単に説明していきたいと思う。その者は精神と肉体に関して活発で披露することのない逞しさを備えている必要があって、あらゆる移動手段を活用し、道程や気候や宿屋におけるあらゆる困難にも無頓着な微笑みで耐えられなければならない。彼は休むことのない好奇心を持ち、安息に堕することなく、時間に関しては貪欲で危険も恐れない性分である必要もあり、昼も夜も問わず彼は動き回り、そこに楽しみや成果の見込みが殆どなくとも、波をかきわけ山を登り奥深い鉱山を調べ回らなければならない。日常生活の技術というのは決して書斎で学べる者ではない。古典的で歴史的な学識を相当に備えながらも、我らの旅行者はそこに農業や工芸の実践的な知識を織り交ぜなければならない。彼は化学者、植物学者、工芸の名匠でもあるべきなのだ。音楽的な耳は彼のイタリア巡りの楽しみを倍化させるだろう。だが地域の光景を見晴らし、絵画の優れた点を判別し、建築物の均整を測量するための的確で優れた眼差しは、精神の一層洗練された気持ちとより深くつながっている。最後に悪徳とは殆ど表裏一体の善徳について言及したい。それは宮廷から小さな家まであらゆる社会の色調に己を適合できる融通無碍な気質、あらゆる会合や状況で他者を喜ばせ自分も喜びを覚える幸福な精神性である。自分の財産と祖国と地方の言語をうまく活用できる利点も交え、旅行者と仲良くなれるような朗らかな様相と礼儀正しい親密さを一緒にした態度を持ち、さらに無知な人や愚鈍な人と当地のあるいは専門的な情報に関する話題を振り、会話できる技術をそれに加えられるようにしなければならない。

外国旅行の恩恵はこれらの多様な素質の程度次第である。しかしこの理想的で完璧さについての簡単な説明で、私を知っている人は自画自賛しているとして非難するようなことはしないであろう。しかし『ローマ帝国衰亡史』の著者としての私は自分の浪費した時間と金銭に後悔するようなことは絶対にない。というのも私がこの作品の主題を決定させたのはイタリアとローマをこの目で見たことにあるからだ。私の日記にはその時の瞬間と場所について記録されている。それは一七六四年一月の黄昏の時刻に私がゾコランティつまりフランシスコ修道士の教会に座って黙想していて、修道士たちがカピトリーノの廃墟のユピテル神殿で晩祷を口にしていたのを聞いていた時であった。しかし私の元々の取り扱おうと思っていた主題はローマ帝国というよりあくまでこの都市の衰退に限定されていた。そして私の読書と内省はこれを対象として向かっていったが、数年の間いくつかの小作を執筆した後に私は本格的にあの労の折れる著作に取り掛かったのだ。

私はフランスの南地方を巡ることは完全に断念した訳ではなかったが、私がリヨンで受け取った手紙は多少取り乱すほどに緊急性のある内容が記載されていた。故郷に不在だった期間と旅の出費が相応に大きくなり、私の知的好奇心はローマとイタリア巡りで充足されたので、気候が過度に暑かったこともあり故郷のある北側へと向かい、私の家族と書物の平穏な隠遁へと入ろうという分別ある決心を決めたのであった。私は幸福な二週間を過ごした後、パリの抱擁から無理に自分を引き剥がし、カレーにて乗船し再度ドーヴァーに上陸した。旅に出てから二年と五ヶ月がすぎており、夏のロンドンの埃と孤独を性急に駆け抜けていった。一七六五年六月二五日に私の両親が住んでいる田舎の屋敷に到着し、長い不在と自分の心からの服従により熱烈に出迎えられた。

私の最初（一七五八年）と二回目（一七六五年）の英国への帰還において、その光景は殆ど同じであった。だが時間の経過によってその色調は暗くなった。そして私の旅の周遊と父の死（一七七〇年）の間にある五年と六ヶ月は、私の人生において最も楽しみが薄い状態で過ごした帰還であり、最も不満足に思いながら思い返す時期である。私はこれまでの毎年の夏と冬の割り当て、つまり私のハンプシャーにおける両親の実家暮らしとロンドンの西側の隅っこでの短い滞在に関しては何も変化もなかった（というのも変化する余地がなかったからだ）。とはいえ私は一度だけの試みとして数ヶ月間ロンドンの煙の蔓延や高い出費やうるさい喧騒から逃れてバースの落ち着いた気晴らしの中で滞在したことがある。毎年の春にはサウサンプトンの国民軍の月例の招集と演習に参加した。そして父の辞任とサー・トーマス・ワーズリーの逝去により、私は少佐そして司令官中佐へと昇進していった。老練な士官の管理の下（こういえば自慢になるだろうか）ハンプシャー国民軍南部旅団は短い期間で平和的な服従の緩さを両立する程度の技術と規律を獲得するに至った。しかし私は毎年、兵舎や飲酒や人付き合い、そして毎年の招集と毎日の訓練の退屈な反復にどんどん嫌気が差してきた。家では家族と牧場におけるやりくりによって、まだ以前と同じほどの見栄えのある外観を呈していた。私はあまり変わらぬ親切さと好意によって迎え入れられ、もてなされ、送り出された。私のギボン夫人との繋がりは暖かく、堅固な互いの愛情へと熟していった。私が年齢を重ねていくことは息子と親の間にまだ残っていた隔たりを廃したようで、そして私の態度は私の父を満足させた。父は私の文学的な力量の成功に誇りを持っていた。とはいえ、彼の在命中にはまだ私の著作は完結してはいなかったが。

我々の孤独は私の若かりし頃の友人デヴェルダン氏のたびたびの訪問によって間もなく活気づくようになった。私はローザンヌで彼と会うことができなかったことを心から悲しんでいた。私が出立してから三年後に彼は生まれ、故郷の湖からドイツのオーデル河岸へと移住した。倹約性のない父による世襲財産の浪費を結果とした家庭内の乏しい財（res angusta domi、ユベナール『風刺詩』より）によって彼も他の同郷人の多くと同じく自力で世の中を生きていかざるを得なくなった。そして彼はプロイセン王族であるシュヴェト辺境伯の孫にあたる若い貴族の教育者として委任された。我々の間の友情は決して冷めたことはなかった。我々の交信は時折中断されたことはあったが、私はデヴェルダン氏がイタリア周遊について来られるように強く願った。不幸ではあるが名誉的でもある情念により彼はドイツの宮廷から追放され、彼の希望と好奇心は私のイギリスへの性急な帰国の期待によってより強い想いとなった。私は家に置いて彼をもてなすことが許され、彼は四年間続けて夏に数週間あるいは数ヶ月間ベリトンに滞在した。そして我々の心や知性に興味を抱かせるあらゆる題目における自由な対話は、たとえ自分が砂漠や牢獄の境遇にあったとしても一向に構わないほどのものだっただろう。ロンドンの冬の期間においては、私が国民軍や海外において新たに知り合った多数の人々によって私の知識と行動の範囲は幾分拡大した。その中で私は夭折した注目に値する愛すべき若い男性ダービシャーのゴドフリー・クラーク氏との関係は単なる知り合い以上のものとして哀悼しなければならない。私自身と私の旅行仲間たちと一緒にローマン・クラブという名前の陽気な会合を毎週開催したし、そしてやがて私はブードル邸（シェルバン伯爵の最初の命名によれば「美徳の学校」）へと推薦され、そこで素晴らしいご馳走、多彩な社交や中庸のある遊戯の楽しみを毎日見出した。だが私は赤面しつつも告白するが、私の道徳的な気質と穏健さは国民軍の痕跡をまだ完全に払拭してはおらず、交際相手も男性の方が女性よりも多かった。そしてこれらの男たちは位階や財産という観点では立派ではあったが、文学や政治の世界においては第一級の卓越性を有していたわけではなかった。

私のイギリスにおける生活の再開、というより改善は私自身の心の変化によって苦々しいものとなった。二十一歳の教育という軛から解放された本来の若者としての姿にあった私は、自由と財産に恵まれた相対的な境遇に喜んでいた。私の子供としての従順さは自然的なものであり気楽であった。そして将来については陽気な展望を抱いており、私の野心は本から得る楽しみや私の余暇、家の代々伝わる資産、そして家族の世話や職業上の義務に煩わされないという観点を限度としていた。しかし国民軍では私は権力という武器を所有するようになり、旅行においては他者からの管理を免れていた。そして私は三十歳になるに及んで、自分の家の主人になるという欲望を抱き始めた。最も穏健な権威も特に理由なく顔を顰めることがあるし、最も自発的な服従も時折原因なく不平不満を漏らすことがある。そして我々の不完全な性分の法則によって、我々は服従するか支配するかのどちらかであり、我々の個々の自由は我々に従属している者たちの従順さによって支えられているのである。私の知り合いの多数が既に結婚したり議会に入ったり名誉や富等へと至る色々な経路を早い足取りで進んでいる一方、私は一人立ち尽くす、不動で取るに足らぬ存在であった。一七七〇年の月例の招集の後、私はついに国民軍における空虚で不毛な士官の職位をも辞任したのであった。

私は嫉妬心とは無縁な気性の持ち主であり、他人が成功を博するのを見れば常に真心からの賞賛を喚起した。結婚による繋がりというのは今までいつも私の願望ではなくむしろ恐怖の対象であった。私は家族からあるいは自分の情念の下でギボン一家の名前と血縁を後世に残そうと強く要求されたわけではなく、もし近隣から何か妥当な縁談が持ち込まれても漠然とした考えによって決して真剣な交渉へと進んでいくことはなかった。どこまでも尽きることのない研究の喜びを感じ、いつも時間が足りないと感じている人によって、空虚な人生の悲惨さというのは全く無縁なものであった。しかし私が適切な年齢において法律や商売の利益を追求する仕事や、公務員やインドへの冒険、あるいは国教会でのまどろむ位の怠惰な職務に携わってことなかったことに嘆き、私が消費してきた時間は決して取り戻すことができないと思うにつれ、後悔の念は次第に激しくなっていった。私の業績を大きな職業の組織と繋ぎ合わせることの有益性、その結合が希望や興味、感謝や競争、奉仕と贔屓の相互交換によって強固なものとなることによる恩恵を私は経験によって知っていた。職業によって支払われる報酬から私は豊富な財産や十分な収入を獲得することができたかも知れず、私が心から望まない出来事によってしか増加しえない変わらぬちっぽけな手当で生活を我慢するような境遇にはならなかったかもしれない。我々の家庭は混乱状態で進んでいき、それを知るにつれ私の苦悩は悪化していき、私は老齢になっても私の努力や相続から何も齎されないままになることに不安を覚え始めた。

　私が帰国した後の最初の夏に、友人のデヴェルダンとの交際をベリトンで楽しんでいる間、我々の日常会話は古代と現代の文学の分野にまで及び、私の研究と『文学研究論』、そして私の将来の計画について自由に議論した。『ローマ帝国衰亡史』についてはまだ私ははるか先のものとして考えていたが、私の選択において迷っていた二つの歴史的な計画については彼の嗜好に委ねられていた。そしてフィレンツェとスイスの負圧の革命の比較は、彼の祖国であり私にとっても第二の母国であるという共通の偏好によって後者のスイスを採択するに至った。まもなく構想され大まかな内容が決められた計画では、私はアルプスの三人の農夫が連結することから十六世紀のヘルヴェティア共和国の隆盛と繁栄の二百年間について取り上げることとした。私は戦場以外では暴君の血を決して流したことのないスイス人たちの解放と勝利、十三邦同盟の法律と風習、オーストリアとブルゴーニュとイタリアの戦争における華々しい業績、そして数回の軍事的な冒険の後に自由の剣によって平和の祝福を護衛することに満足してきた叡智ある国について述べていくことになっていた。

暴君に敵対せしこの手は、自由の剣によって安らかな平和を求む（出典不明）

私の熱意と同じく私の判断もこの栄光ある題目の選択に満足し、デヴェルダンの助けもあり私は越え難い障害を除去することができそうであった。フランス語とラテン語の文献資料に関しては、私がある程度読解する能力があったが質と量ともに取るに足らぬものであった。だが私の友人はドイツ語を完全に取得していたのでもっと重要な価値ある収集物への鍵を見出すことができた。最も必要とされていた文献を手に入れることができた。彼は私のためにブルゴーニュ戦争の詳細で同時代に関する記述であるシリングの二折り版の書物を翻訳した。我々はチュディの『大年代記』の最も興味深い箇所を読んではメモした。そして彼もしくは彼の下請けの助手のおかげでラウファの『歴史』やロイの『辞書』からの膨大な抜粋の一覧ができあがった。

こういった準備の前段階において相当時間がかかり遅延し、二年という期間が経過していった。これらの乏しい文献資料を片手に私が執筆というもっと快適な仕事に取り掛かったのは三回目の夏（一七六七年）の終わり頃である。私の歴史書の第一部の草稿はロンドンの外国人による文学的な集いの場でその冬に朗読されたが、その著者は知らされていなかったので、私は自由奔放な非難と私の判断にとって手厳しい評価に気付かれることなく耳を傾けた。その時の辛辣な雰囲気は苦痛だったが、彼らの酷評は私のもっと冷静な判断によって認めることとなった。私は不完全な手稿を炎の中へと投げ入れた。そして永久にある程度の出費、多大な労力、そして一層膨大な時間を無駄にしてしまったこの計画を断念することになった。私はこの短く表面的なだけの試論の喪失を後悔する理由はない。というのもスイス共和国の図書館や文庫を利用できず、学者や政治家たちからも情報を得られない非スイス人による作品はその程度のものになるのが必然だからだ。私の依然からの習慣とデヴェルダンの存在がヨーロッパ大陸の読み手のためにフランス語で執筆するように促した。しかしただの散文よりは優れているが詩的なものには及ばない私の文体は、冗長で回りくどい弁論に堕していることを私は意識している。あるいは私は外国語の無思慮な選択が失敗の原因としてもいいかもしれないし、あるいは言語それ自体が迫真に迫るような重大な文章の迫力と威厳を支えられるだけの適応性を持っていないとも考えられるかもしれない。しかし多大な文学的な業績を持つフランスが偉大で独創的な歴史家を生み出したのなら、その人物はその天才性によって歴史的雄弁性を固有ながら適切な文調による文体を形成して駆使するだろう。

私の友人のデヴェルダンがイギリスへとやってきたのは自由で金儲けができる仕事を探していたからである。彼の家からの送金は乏しく不安定であり、私の財布の中身は常に彼に与えていたが、それは大抵空であった。そして私は痛烈に富と権力を欲しがり、そうすれば彼の運命の歯車の狂いを正せると考えた。彼の願望と能力は誰かの金持ちの生徒の旅の同伴者としての職務を求めたのだが、求人が出るごとに多数の熱心な応募者が殺到し、長い間私は彼の役に立つことはできなかった。私は彼に国務省の事務員としての職位に就くように何回も何回もお願いした末にようやくその願いが叶った。数年イギリスに滞在しても彼は決して英語の正確な発音と雄弁な喋りを身につけることはできなかった。だが彼はイギリスの最も読むのに困難な作家の作品を軽々と味わいながら読むことができ、彼の英語と英語の詩の深い造詣に比肩できる外国人はそういないものであった。そして英国人でもシェイクスピアとギャリックの劇を美的な感覚と見識で味わえる者はそういない。自分の実力の自信と私の助けの確信によって彼は、尊重され惜しまれていたメーティ博士による『ジュルナル・ブリタニク』を手本として見習うように促され、イギリス国家の芸術と風習の文学的な要素と哲学的な要素を結合することによりこの手本をさらに発展させていこうとしたのであった。一七六七年における我々の刊行物は『グレート・ブリテンの文学的回顧』という題の下でまもなく完成し出版社へと送られた。この中の最初の論説であるリトルトン卿『ヘンリー二世の歴史』の書評に関しては私自身の責任の下で書かれたものである。分量は多いがその感性と博識さが才能の光によって照らされていないこの作品に関する私の批評判断を肯定してくれた。次の論説は私の友人の選択によるものであり、それは『バース案内記』という方言と言葉の遊びをも交えた軽やかで奇妙な作品である。私はこの試みにどぎまぎしたが、彼は私のその恐怖を見ては微笑んだ。彼のこの勇気ある試みは成功によって正当化され、英語とフランス語の両言語の達人なら我が友が英語の詩句の精神とユーモアでさえもフランス語の散文に注入するという奇抜な巧みさに喝采してくれるだろう。私がこの回想録にどれだけ関心を払ったかを否定することはしたくないし、私の関与に恥じるつもりもない。だがあれから二十年以上経過した今、この共作の互いの業績となる部分について確定することはもはや不可能である。互いの長く親密なアイデアのやりとりによって我々の感性と文体を同じ型に落とし込んでしまったのだ。我々の共同作業において交互に執筆しては修正した。そして私が正直に賛辞を呈したいと思う箇所ももしかすると私自身のものとみなされる論考や文章に注がれるかもしれないのだ。

第二の刊行物（一七六八年の分）もこれらの回想録として出版された。私はあえて、それの出来栄えは博した評判よりもなお優れたものと言いたい。とはいえこの作品で受け取った報酬が実際の評判ほどでもなかったこともまた事実である。これらの作品はすでに老齢と病弱によって世の中から隠遁したチェスターフィールド伯爵へと我々を紹介してくれ、私の友人は彼から庇護され私も知遇を得た。さらにデヴェルダンがその部下として雇われていた官庁の次官として勤めていたデイヴィッド・ヒューム氏にも知遇を得るようになった。チェスターフィールド伯爵は献辞（一七六九年四月一二日）を受け取ってくれた上に、自分の後継者たる人物の詳細の教育係になることを約束してくれた。ヒューム氏はウォルポール氏の歴史的疑念への応答によって刊行物の内容が増え、後になって彼はそれを論文の形として仕上げた。三冊目の刊行物の材料もすでに揃いかけていた頃に、私は若きデヴェルダンをサー・リチャード・ワーズリー氏の監督者として推薦した。彼は最近逝去した私のかつての国民軍の少佐の息子であった。彼らは大陸の方へと出発していき、彼らが帰国したのは私の父が死去してからしばらく経ってからのことであった。

私の次の刊行物は愛と激怒の偶然的な爆発によるもの、つまりはささやかな才能への私の敬意と傲慢な衒学に対する私の嫌悪からくるものであった。『アエネーイス』の第六巻はラテン語の詩の中でも最も心地よく完全な形式のものである。アエネーイスとシビュラが地獄と冥界へと降りたっていきクーマエの洞穴の夜の漆黒

Ibant obscuri sola sub nocte per umbram,（二六八行）
彼らは孤独な夜に影を通って進んでいき

からエリュシウムの野原の真昼の明るさへと至っていく

Largior hic campos aether et lumine vestit Purpureo（六四〇行）
ここで眩い光と共に一杯の大気が辺りを包む

素朴な夢から、ああ！エジプト神学とギリシア哲学の夢に至る荘厳で縹渺たる光景が広がっていくのだ。だが主人公を最終的に

Falsa ad coelum mittunt insomnia manes（八九六行）
亡霊たちが地上界に偽りの夢を送る門

である象牙の門から立ち去らせる場面は今までの魅了を全て冷めさせ、読み手は冷淡で気掛かりな懐疑へと陥るように思われる。この最も無味で無力な結論は今までの原因を作者ウェルギリウスの性急さや不信仰として様々な推論が立てられてきた。だがウォーバトン主教のもっと入念巧みな解釈によれば、アエネーイスの地獄への降下は誤りではなくアエネーイスに立法者としてエレシウスの秘蹟を授けることを象徴している模倣の情景であるとされる。この仮説は「神によるモーセの派遣」の特異な章で書かれていて、多くの人から正しいものと認められており、その全員から独創的な解釈として称賛されている。一方、この三十年間で一度もこの解釈が公平を期した批評的な議論の場で取り上げられたことはない。この著者の学識と能力によって彼の上った位は正当なものではある。だが彼は文学界の独裁者で暴君として君臨していた。だがウォーバトン主教の本来の才分は自分の無謬のはずの神託を述べることからくる傲慢さと衒学で損なわれ、彼の論争的な著作では自分の論的を何ら容赦することも中庸を得ることもなく攻撃した。そして彼を取り巻く隷属的なへつらい者たちは（卑俗で悪意ある「友情の機微」をみよ）この批評の巨匠をアリストテレスやロンギノスをも上回る存在として持ち上げ、この人物の神託を参照することや偶像として礼拝することを少しでも拒否する異端者を容赦なく攻撃した。自由の国家において、このような独裁は一般的な反感を生み出さずにはいられないし、そしてその反感による抵抗の熱情が公平無私であることは滅多にない。今は亡きオクスフォード大学の教授（ラウス博士）が練磨した辛辣な手紙で（一七六五年八月三一日）自分を擁護しつつこの主教を攻撃した。そしてこの取るに足らない論争の意義が何だったにせよ、彼の勝利はウォーバトンとその奴隷たちの沈黙した混乱によって明瞭に獲得したものであった。私としても何か個人的な恨みを抱いているわけでもないので、この巨人の盾に槍を突き刺してやろうと息立っていた。そして一七七〇年の初めに私の『アエネーイスの第六巻に関する我が批判的考察』が匿名で出版社に送られた。

初めて英語で書いたこの短い刊行物において私は、その矛先を主教の性格と先程の仮説に向けた。私は自分が満足できる程度には古代の立法者たちがあの秘蹟を発明したということはなく、アエネーイスが立法者としての責任を負うように委任されたこともないことを証明できた。この証明から寓話を隠喩へと変容させたり舞台をアウェルヌスの湖からケレスの神殿へと移すようなことがありえたり、議論するような余地は一切ないとした。このような奔放な仮説は詩人ウェルギリウスと人物アエネーイスにとって等しく有害な斧であり、ホラティウスの呪いの言葉（ケレスの儀式を他言する者を私は禁ずる）が彼自身の無知さと友人の無実を証言しているのだ。

グロスターの主教と彼の一派は慎重な沈黙を続け通したので、私のこの批判的な論文は当時多数あった冊子の中に埋もれていった。しかしウェルギリウスの著名で最優秀な編集者であるゲッティンゲン大学のハイネ教授が私の論駁に同意してくれてこの無名であった著者を「博学にして最も洗練されたイギリス人」と評して私のことを大きく是認してくれたことが、私の刊行物に対する大衆の無関心さを補って余りあるものだった。しかし私としては彼自身が詩人であり学者であるヘーリ氏の好意的な判断についてここで引用する誘惑にどうしても駆られずにはいられない。

引用と論考の長々しく苦労して作り上げられた鎖へとねじられた複雑な仮説であるこの「ウェルギリウス第六巻の論考」はしばらくの間反論されぬままに放置されてきた。つい優秀ではあるが匿名な批判家が立ち上がったのだ。我が国が産出してきた古典文学に関して最も判断力が伴い活力もある論考の中で、この無根拠な建造物を完膚なきまでに覆し、その生意気な建築物の傲慢さと不毛さを世間に晒したのだ。

より偏見にとらわれないドイツ人の学者によっておだやかながらも非難された辛辣な文「彼の非難っぷりは適度なものより少々厳しい」も是認してくれた。だが私は欠点を多く有しているにしても尊敬に値した男を軽蔑的に扱ったことに後悔し続けているし、その個人攻撃において私の名前と素性を臆病にも隠したことはさらに後悔している。

私の『文学研究論』と『ローマ帝国衰亡史』第一巻の間の十五年で、このウォーバトン批判と『文学回顧』の中のいくつかの論考が私の作品の全部となる。私が周遊から帰ってきて父が死去するまでの間、なんら職業的な義務に煩わされることなく研究生活に専念し、楽しめたこの期間における私の行いをここで述べたり、或いは時間を浪費したことを告白することが私の何よりの義務であろう。

一．私がスイス革命史の徒労に終わった仕事から解放されたらすぐに、私はローマ帝国の衰退についての形式を整理していきそれに関する資料を収集し始めた。その時私はこの件に関しての限界と程度についてはまだ極めて曖昧な形でしか頭に描いていなかった。タキトゥス、小プリニウス、ユウェナリスマエの時代の古典文学は私の昔ながらの馴染みのあら同伴者というべき存在であった。私は自分でも気付かぬうちに「皇帝列伝」の海へと飛び込んで行って、そこから時代順にディオン・カッシオスからアンミアヌス・マルケリヌスへ、トラヤヌスの統治から西側の帝国の皇帝たちの最後の時代まで、ギリシア語ラテン語問わずペンをいつも握ったまま吟味していった。メダルや碑文、地理学や年代記等の補助的な光がそれら固有の対象物へと投げかけられていた。そして私はティユモンの編纂物というその正確さが匹敵する者がなく天才性を感じさせてくれるほどのものも参照し、歴史的な情報記録というバラバラで曖昧な分子を私の届く範囲で整理しては一貫したものにしていった。中世の暗黒時代を通して、私は博学なムラトーリの『イタリア年代記』と『イタリア古誌』を手に取って私の道を模索して、それらをシゴーニョ、マフェイ、バロニウス、パジ等の対応したり交差する箇所と入念に比較考慮した。そしてついに十四世紀のローマの滅亡の具体的姿を見定められるようになったが、この最終章に当たる部分が四折版の全六巻の二十年に及ぶ労力の末に執筆することになろうとは夢にも思っていなかった。私が購入した本の中ではジャック・ゴドフロアの注釈つきの『テオドシウス法典』を感謝して思い起こすことになる。私はそれを法学的な資料というよりも歴史の書物として活用した（そして実際に大いに活用した）。しかしあらゆる点で鑑みればそれは四世紀と五世紀のローマ帝国の政治情勢に関する詳細かつ広範な宝庫とみなしてもいいだろう。福音の普及と教会の勝利がローマ帝国の衰退と密に絡んでいると考えていたし、今でもそう思っている。私は革命の原因とその効用の重みをはかり、勃興しつつあるキリスト教派に異教徒たちが善意にしろ悪意にしろ投げた眼差しとそれに対するキリスト教徒たちの説明や弁明を比較した。ラードナー博士によって収集され表現されてきたユダヤ人や異教徒たちの証言は私の一次文献の探求に大きな助けとなったが、それに取って代わったわけではない。そしてキリストの受難の折の奇跡の暗黒に関する分厚い論考の中で、私個人としての結論を不信仰の時代における沈黙から抽出した。私のローマ帝国の歴史に対して直接的にせよ間接的にせよ関連している予備的な研究資料を集めたが、厳密に言えばこれらは私の人生のこの時期を超えて、私の父の死去とロンドンでの定住の間の二回の夏（一七七一年と一七七二年）にまで視野を向ける必要が出てくる。

二．書物や人々との自由な対話において、自分の知り合うものの名前とその性質や性格を完全に挙げていけばきりがない。しかしその中から友情や尊敬に値するものを選んであげていきたい。「精読は多読に勝る」（小プリニウス『書簡』第七、九、一五）という賢い格言によれば私はフランスとイギリス、ラテンとイタリアの不滅の古典作品を何度も何度も読み返して吟味した。私のギリシア語の勉学は（最初に計画していたほど熱心ではなかったにせよ）この比肩するものなき言語の知識を維持しさらに拡大した。ホメロスとクセノフォンはいまだに私の好きな著作家であった。そして私はクセノフォンの『キュロスの教育』に関する論考もほとんど刊行する寸前であり、その出来栄えも我ながら相応のものだと思っていた。一定の年齢に達すると多くの人間にとって新たな刊行物の価値が唯一の精神的な食糧となる。そして最も厳格な学徒といえども自分の好奇心を満たし人々との交際のために流行物の話題作りに励むために自分の専門から離れたいとしばしば思ってしまうものだ。私がブラックストンの『注釈』を三度も読んだ動機はもっとそれよりは立派なものであっただろうし、あの英語の作品からの大量の批判的な抜粋は私の母国の言語によって初めて本格的に執筆した作品であった。

三．私の文学における余暇は他者の目に映ったものほどの十分さと独立性を持っていたわけではなかった。ロンドンの慌ただしさにおいて私は本を手にすることができず、ハンプシャーの孤独の生活において自分の時間は他者の指図にあった。早起きの習慣でその日の部分的な聖域の時間を常に確保し、私の理性的な貪欲さが多くの貴重な時間を盗み取っては溜め込んでいった。だが朝食と昼食における家族の時間、お茶と夕食の時間はいつもあって退屈であった。朝食の後ギボン夫人は自分の居間に私が付いてきてくれることを期待していた。お茶の後は私の父は私との会話や新聞の朗読を要求した。私が何か面白いことを熱心に追求している時も、退屈な近所の人々の訪問を迎え入れるために呼び出された。彼らの社交的な挨拶はそれ相応の返礼を必要としていた。そして特に一家が遠くまで出かけるものと通常決まっている満月の夜の時期を恐れた。私の静かな時間は次第に家庭内の心配事でかき乱され始めた。私の父の衰弱と死去の最後の運命的な夏（一七七〇年）でももし私が研究に没頭するだけの時間と嗜好があったのなら、自分の冷淡な哲学性について恥じたことであろう。

戦争の終結（一七六二）によって私が国民軍を辞任したことは、新たなキンキンナトゥスである我らの少佐を農作業に復帰させていた。彼の労働は有益なもので、彼の味わう楽しみも無垢で、彼の願望も穏健なものだった。そして私の父は詩人や哲学者たちに最も自然に適い、運命による翻弄とは最も無縁なものとして賞賛されているような幸福の状態を楽しんでいたようであった。

商売取引を離れ

(堕落せぬ古代の種族さながらに)
利害からは自由になり
己が大地を牛と共に耕す者こそこれ幸い
(ホラティウス『頌歌』第二、一〜四行)

だが幸福になるにあたって最も不可欠な負債なき境遇は、満たされなかった。そして彼の若い頃の虚栄は彼の老年の心労と悲しみによって辛辣に罰せられた。私のローザンヌから帰国してからの最初の抵当(一七五八年)が彼に部分的で一時的な安息をもたらしはしたが、利子や配当の毎年の要求によって彼の収入は大きく減った。国民軍でも支出することが多くあった。彼の所有している農場は決して利益をもたらすような冒険ではなかった。彼は失われた訴訟の費用と賠償を背負い込んでいて、彼の債権者は毎年毎年増加していった。そして彼らは我慢で疲労した。こういった苦しい境遇において、私の態度は単に罪がないというだけでなく立派なものであったと考えている。個人的な利益を何ら慮ることはなく、成人した分別ある年齢で抵当額の増加とパトニーの売却、その他の父の心労を軽減できるよう犠牲は全て行った。だが父はもはや理性的な努力をすることができず、彼の嫌々ながらの先延ばしは害悪そのものではなくそれらを取り除けることを遅延してしまった(開くよりも巨大なる悪の救いを延期せり(タキトゥス『歴史』第三巻、五四）。恥や気弱さや自責の念による苦悶は絶え間なく彼の肉体の器官を蝕んでいった。彼の健康は衰えて、精力と視力を失った。水腫の急速な信仰は彼の死を告げ知らせ、彼は六十四歳の時に一七七〇年一一月一〇日に墓へと埋葬された。

いつも幸福を追求しては獲得できると自信を持っては落胆した自分の生徒をウィリアム・ロー氏はフラトゥスという軽薄で不安定な性格として描いたというのが我々一家に言い伝えられている。だがこういった気質の上での欠陥は頭と心の徳性、名誉と人間性の最も温和な感性とによって十分に償われていたのである。彼の洗練された人柄、慇懃丁寧な話し方、温和な振る舞い、気取りのない陽気さはどの会合へも喜んで迎え入れられた。そして時代や世論の変遷により、彼の自由な精神はとっくの昔にトーリー流の教育の熱狂と偏見から解放されていた。息子の流す涙が長続きすることは滅多にない。私は自然の摂理に素直に服従した。そして私の悲しみは自分の親孝行という義務を全て果たしたということを意識し宥められた。実際の所、親が死去して数ヶ月あるいは数年経過した後に自分の親が復活したとしてもそれを心から喜ぶ人は滅多にいないだろう。そして私の父の死去は彼自身にとってすら決して不幸なものだったとは言えず、私にとってもそれが唯一この先の見えない貧窮で絶望的な生活から救ってくれた唯一の出来事であったことは悲しいながら厳然たる真実なのだ。

第七章　ロンドン生活・議会・『ローマ帝国衰亡史』

私が父への最後の荘厳な義務を果たして心の余裕を時間と理性から取り戻すと、私自身の置かれている境遇と性向に最も適した独立した生活を送るための計画を作り始めた。しかし網目はあまりにも錯綜していて、私の努力も不器用で力量に欠けていたので、私が農場の経営やベリトンからロンドンへと引っ越しする面倒さから解放されるのにほとんど二年近く（一七七〇年一一月～一七七二年一〇月）苦労することになった。この期間でも私は一年を通して地方と都市部で住み分けていたが、私の新たな自由は希望によって明るさを増した。そして私の隠れた願いとなることは決してなかった（そう私は良心に誓って言える）相続の恩恵を否定するわけにはいかなかった。私は無思慮な相続人としての虚栄や贅沢に耽るつもりはないが、私は幾分かの更なる自由さやより良い住まい、世話人や馬車を手にすることができた。私はクラブや居酒屋での食事も以前のように金の節約に苦心する必要もなく、自由に行けるようになった。私のロンドンでの滞在は夏までに延期された。そして夏の単調な生活も大抵の場合訪問することや家から遠出をすることにより色彩が添えられた。この家であるベリトンにある自宅と地所は今や私が所有者であった。私は誰に指図されることもなく、私の最も好みな人を招待することができるようになった。諸々の馬や使役人も私が裁量を握るようになり、私の田舎の執事たちは自分たちの仕事に関して私の命令に待機している状態にあり、主人の無知さに微笑んだ。私は地方の紳士として当地で重要な人物とみなされていたことに誇りを持っていたことを否定するつもりはない。表面上は実り豊かであるように見せるための農場での慌ただしい光景は、自分がその所有者であるという偏った感情によってより潤いのあるものと見えた。そして私は相変わらず最初の計画に固執していて、借地人の気前良い申し出を期待して、私の引っ越しの時間を特に悩むわけでもなく先延ばしにした。ギボン夫人と私との友情関係は我々の最後の別れの考えを長い間抑圧してきた。父が死去した後でも彼女は親という権威を発することなく愛情を持ち続けた。家族と農場でさえも彼女の世話へと委ねられた。そして十五年間の習慣によってこの場所へと愛着したことにより、田舎地方の生活の喜びと恩恵に彼女は納得し、私にも納得させようとした。しかし私は二重の生活を行っていくだけの余裕などなく、ロンドンで自分の家に居住したいという願いはベリトンの農場での生活とは両立できるものではなく、さらにこの複雑で費用のかかる農場の運用をうまくこなしていくことは女と哲学者にはとても無理だということがやがて明らかになった。そして二回目の夏に私の決心は宣言され実施された。農場の売却広告は多数の競争相手の申し込みを受けることになり、最も有利な条件が選定され正式な賃貸契約が締結されることになった。私をこの家と農場を借主へと引き渡し、ギボン夫人は多少渋々しながら未亡人の慎ましい独居生活において最も高級な避難所といえるバースへと出立した。しかし個人資産や貯蓄による収入では田舎での私のつけの清算とロンドンでの最初の居住費用を賄うにはとても足りなかった。借地人の悪意ある金の蕩尽によって私は後々多数の損害を被ることになった。そして執事の変更は多くの面倒ごとと費用の支払いなくして達成することはできなかった。

私の父は私が名誉と親孝行の気持ちによって引き継いだ負債以外にも、千七百ポンドの多額な抵当物件も残していった。それは土地の売却のみで除去することができたのであり、そのためにバッキンガムの近くにあるレンバラにおける私の地所がその犠牲として捧げられた。最初はうまくいくかのように思えたが、しかし私の希望はあまりに楽観的であり要求も高すぎたので、私は決して悪くはないいくつかの申し出をはねつけた後、取るに足らぬ輩（半分狂人で半分ごろつき）と性急にも契約を締結してしまった。その者は三年間に渡る腹立たしいペテンで契約の履行と解約をすることをずっと拒否し続けた。私が自分を束縛する枷を捨て去った時、チャンスはもうなくなっていて経済不景気により土地の価値が下落した。私は平和と繁栄がまた戻ってくるのを待った。そして私のローザンヌへの最終的な隠遁に至るまではバッキンガムシャーの地所の売却は成就されなかった。私の友人たちとの人間関係と時勢により生じた十五年間の遅延は数千ポンドという多額の金の喪失を被ることになった。ニュー・リヴァー会社の配当という美味な一粒も、元本と利子と年間経費の渦へと大きなため息とともに投げ込まれていった。さらに哀れなレンバラの不十分な値段の大部分も最終的にはこの満足を知らぬ怪物によって呑み込まれていった。こういった思い出は苦々しいものである。しかし私の貪欲とは無縁な精神性は妥当な慰めをもたらすのである。私の家庭の財産は人生の楽しみによって減ったのであり、私の願望の満足は（それらは決して過度なものではなかった）信用や金銭の欲求によって挫かれることは滅多になかった。私の誇りは煩わしい商売人の訪問によって侮辱されたことは一度もなかった。そしてあらゆる過去や未来の一時の不安も勤勉な研究や社交生活に没頭することによって私の頭から取り除けられた。私の良心は過去に贅沢に耽ったり不正を行ったりすることで癇癪を抱くことはないし、私の財産の残りは私の老いていく年齢に対する十分で立派な蓄えとして確保されており、私の自発的な贈与は私が選択した相続人から絶対的な感謝によって受け取られるに違いない。

私はこれ以上読者にとってなんの教訓にもならず興味も引かないような個人的な経済的な話について詳細に入ることは控えたい。こういった内密なことは個人的な友人のためにとっておいて、余所の他人の羨望や憐憫に晒さないことが礼儀正しさであり分別というものである。というのも羨望は必ずや憎悪を巻き起こし、憐憫はほぼ軽蔑に近い情念を喚起するからである。しかしもっと貧窮しているかもっと裕福であるかの境遇において、私は決して自分の業務をこなし切ったりあるいは名声を獲得したことはなかったと考えていいし、むしろそう断言してもいいだろう。そしてたっぷりある財産だと私の本来の勤勉性も苦労や贅沢によってだらけてしまったことだろう。価値のある重要な作品が汚い屋根裏や宮殿において完成されたことは滅多にない。余暇と独立、書物と才能を有している紳士だと名誉と報酬の遥かな展望の下で書くことに精を出すかもしれない。しかし毎日の飢えによって毎日の勤勉性に刺激が加わる作家は惨めな者であり、そして彼の作品もまた惨めなものになるだろう。

私の父が死去した時、一七七〇年一一月一〇日、私は人間の一世代の通常の区切りとされる三十三歳の年齢を超えていた。私は自分の愛する親であり、心地よい仲間であり、優れた男を喪失したことに抱いていた悲しみは真心からくるものであったが、しかし私の祖父が残していったはずの十分な財産は大きく減り、その息子の呑気で寛大な気性によって更に次第に消費されていったことだろう。私は父の遺訓を遵守し、彼の過ちを許し私が親孝行によって自発的に捧げた重大な犠牲についても後悔はしない。私の家庭内の指示と統制、時間と場所の自由な割り当て、財産の消費において握っていたより大きな裁量が、私の置かれていた新たな境遇の直接的な結果であった。しかし田舎の経済の網から自分を解放するには二年もかかり——一七七二年一〇月——その後ようやく私の願望に適った生活様式を立てることができた。ギボン夫人はベリトンからバースへと隠遁し、その一方私は自身と書物をベンティンク・ストリート、キャヴェンディシ・スクウェアの新居に移すことができ、その時から私は十一年近くそこに滞在した。清廉とした汚れのない家庭財産は私が紳士としての品位を保ち哲学者としての望みを叶えるために常に十分であった。

一七七三年一月～一七八三年九月

私は今や人生の堅実な愉しみ、つまり便利で設備の整った家、家庭内の食卓と選り抜きの六人の奉公人、自分用の馬車等、そして長い期間使用すればするほどにその価値をより一層感じられるような上品な贅沢品を獲得した。これらの恩恵は地上の最大級の祝福というべき独立を何よりの頂点としていた。私は自分の時間と行動の絶対的な支配者であった。そしてロンドンにおいて私の書斎が整備されれば昼と晩に研究と社交にはっきり区分けできるようになるだろうという私の期待も裏切られることはなかった。年毎に私の知人の範囲、私の故人と在命している社交仲間たちの数は拡大していった。本を愛好する者にとってはロンドンにおける数々の本屋や販売品は抗えない誘惑となる。そして『ローマ帝国衰亡史』の執筆は多種多様な資料をさらに集積させるだけの数を必要としていた。国民軍、私の外国周遊、下院議会、著者としての名声等で私の人との縁はどんどん増大していった。私は著名な諸々のクラブの会員として推薦され、イギリスを去る前までには文学ならびに政治の世界において著名な人物で私と無縁だった人はほとんどいない。私自身の選択によって一年の大部分をロンドンで過ごしたが、私が地方の田舎の空気を吸いたいと思った時はサセックスのシェフィールド・プレイスにあるホルロイド氏の家庭を心温まる避難所として活用した。彼は私にとってとても大事な友人であり、彼の優れた性格はシェフィールド卿の名の下で世間により知られるようになっている。

一七七三年二月等々

ロンドンの住まいに定住し書斎も出来上がったら、私は『ローマ帝国衰亡史』の執筆に取り掛かった。書き始めた頃は見通しは何もかも漠然としすぎていて疑わしいものだった。この作品の題名についても、「衰退と滅亡」の正確な時期、序論の範囲、章の区分け、論述の順番等々もそうだった。そして私は七年間に亘る労働を破棄したい気持ちに頻繁に駆られた。著者の文体は彼の精神を表すものであるべきだが、言語の選択とその実効は訓練の賜物である。私が退屈な年代記と美文を目指した文体の狭間をうまく表そうと努めた文章の確認は、何回もの試行錯誤によって行われた。私はその効果に満足できるまでに第一章を三回書き上げ、第二章と第三章も二回書き上げた。残りについてはもっと均等で気楽なペースで執筆を進めていった。しかし十五章と十六章は三回連続の改訂により本来は分厚い巻だったのが現在の分量へと縮められた。そしてそこからさらに縮小されたとしても、そこに記載されている事実と感情については何ら除かれることはないだろう。コンモドゥスからアレクサンデル・セウェルスまでの最初の統治に関する簡潔で表面的な記述に関しては、最後にロンドンへと訪ねてきたヒューム氏以外からは指摘されなかった正反対の過誤があるかもしれない。このような信託は理性的な献身によって耳を傾け服従するべきだったかもしれない。しかし私は自分の友人に自分の原稿を読み聞かせるという慎ましい行いにはやがて嫌気がさした。この場合何人かの友人たちは礼儀から褒めるだろうし、虚栄心から批判する人もいる。結局著者自身が自分の作品の最良の判断者なのだ。誰も著者ほどこの題目に深く考察したこともないし、その出来栄えに心から興味を抱いている人もいない。

一七七四年九月

私の従姉妹と結婚していたエリオット氏（今は卿）との友情において、私は総選挙においてリスカードの都市選挙区から選出された。そのため私は大英帝国とアメリカとの歴史的な争いの黎明期に下院の席を占めることになった。そして多数の誠実で沈黙の票で母国の利益はともかくとして権利を支援した。一時の幻想的な希望の後に私の分別が私を沈黙という控え目な状態をとるように強制させた。私は先天的にせよ後天的にせよ心と声の不適な活気さで武装するようなことができない

聴衆の叫びを鎮め、行動を起こすのに生まれつき適している（ホラティウス『詩論』三二一）

訳ではなかった。私の臆病な心は誇りによってより臆病になり、私の執筆の成功ですらも私が演説をする意欲を挫けさせた。しかし私は自由な会合の討論には出席し、そこでは平野と戦争、正義と政策についての最も重要な疑問に関して盛んに討論されていた。私は雄弁と理性による攻撃と防御に耳を傾けていた。そして私はこの時代の最高峰の人々の気質と物の見方と情念をこの目で見たのであった。私が議会に席を占めていた計八回の会期は歴史家の必須の徳性に関して初であり、最も重要な市民的分別を学べる学校であった。

一七七五年六月

議会の第一回の会期の目新しさや騒ぎの中で幾分延期された私の『ローマ帝国衰亡史』の第一巻は今や刊行の準備が整っていた。私の臆病な友人であるエルムズリ氏によってこの危険な冒険が拒否されたら、尊敬すべき書店主のトーマス・カデル氏と著名な印刷者であるウィリアム・ストラーン氏との間で極めて簡単に出版の契約が締結された。そして彼らが刊行の世話とリスクを負ってくれて、実際にその作品の著者の名前よりも書店の名前により世間の信用を得たのであった。最後の校正校閲を終えたものが私の点検のために送られてきた。そして下書きの段階では気づかなかった文体上の欠陥が発見されては修正され、それが刊行されたのであった。我々は売り上げにさして期待していなかったので最初は印刷部数が五百ほどに減らされていたが、その数はストラーン氏の予言的な感性によって倍になった。この恐ろしいとも思える期間に私は名声の野心に心が躍動した訳でもなく、かといって軽蔑されることに不安で落胆していた訳でもなかった。私の勤勉性と正確さは私の良心によって自信を持っていた。歴史の記述というものは最も高い能力から最も低い能力の人のあらゆる段階に適応できる最も世間で人気を博している類の執筆である。そして私は映えのある題目を選んだ。ローマは小学生からも政治家からも親密さのある題目である。そして私の叙述は古典的な文芸の最後期から由来するものであった。そして私は光明と自由の今の時代がキリスト教の前進と確立の人間的な原因の探求について顰蹙を買わずに世間に迎え入れられるだろうと楽観視していた。

一七七六年二月一七日

著者である私の虚栄心を表さずに自分の作品の成功を説明すれにはどうすればいいか分からない。最初の印刷部数は数日で完売した。第二と第三の部数は何とか需要を満たせただけであった。そして書店の版権もダブリンの海賊版によって二度も侵害された。私の作品は全ての家の食卓、ほとんどの家のトイレにも添えられていた。この歴史家は時代の嗜好や流行によって飾り立てられ、世間の評判は冒涜的な批評家の吠え声によって一度も掻き乱されたことはなかった。人類の愛好の念は新参者による独特な業績に最も闊達に捧げられるのであって、世間の人々と彼らが愛好している者の互いの驚きは、次回以降になるともはや燃え盛ることのない感激の念を生み出すのだ。私が賞賛の調べに耳を傾けてもなお、私は自分の学識ある知己たちの承認に満足したであろう。ロバートソン博士の素直さをして彼の弟子を抱擁させた。ヒューム氏からの手紙は十年に及ぶ骨折りを労って余りあるものだった。しかし私がイギリスの歴史家として三本の指に入るだろうと考えたことは決してなかった。

一七七七年五月〜一一月

私のパリへの二度目の遠出は前の年の夏にイギリスに赴いてきたネッケル夫妻の熱心な招きによって決心するに至った。私がパリに到着した時、財務総監ネッケル氏が権威と人気の絶頂期にあるのを見出した。彼の個人資産は自由気ままな家庭生活を送ることを可能にしていて、私がその才分と徳性を長きにわたって尊敬していた彼の妻は彼女の食卓や応接室で会話を取り仕切るための優れた才分を発揮した。彼らの友人として私は男女構わぬ最高位の人々や、あらゆる国の外務大臣たちとの社交に案内された。そしてフランス国内の第一級の人々の名前と性分たちの中で、感恩から私は決して忘れることがない礼儀と親切を用いて私と接してくれたが、虚栄にならぬようここではそれらを具体的に述べ挙げていくのは控えたい。高級な晩餐の流れから朝まで社交は続いた。しかし私は機会があれば王立文庫やサン・ジェルマン寺院の文庫も閲覧した。そしてそこに収蔵されている書物を自由に持ち帰ってもよかったので、私はこれらの施設のその寛大さに常に賞賛を忘れなかった。私は文学に携わる人々との社交を積極的に求めたわけでもなかったが、拒絶したわけでもなかった。しかし私は崇高な才分が最も愛すべき素朴さを有する精神と振る舞いが結合しているビュフォン氏と知遇を得られたことは幸運だった。私は旧友のフォンスマーニュ氏との食事の席でマブリ師との論争に巻き込まれ、彼の嫉妬深く怒りっぽい性格は彼が原文で読めない書物に対していきり立った。

一七七七年一二月以降

第一巻を公刊して第二巻を開始するに至るまで二年近くかかったが、この長い遅延の原因は以下である。

一．短い間休息をとった後、私は全く別の種類を対象とした研究に好奇心を向けた。ハンター博士が担当してくれた解剖学の講義やヒギンズ氏が教授する化学の幾つかの講義等である。これらの学問の原理や自然史に関した本への嗜好が私の観念や思想をさらに広げることに役立ち、私の著作の中で自分たち自身が教授した内容を彼らが見つけ出すかもしれない。

二．おそらく私はアリウス派の論争の沼へとあまりにもどっぷりと浸かりすぎたのであろう。

多数の日々を亡霊の追求に関する読書や思考、執筆で費やしてしまった。

三．コンスタンティヌス帝時代において行われた多種多様な出来事を順序だってわかりやすく整理することは難しい。そして最初の完成稿の出来栄えに私はあまりに不満であったので、それら五十枚以上の原稿を炎の中へと投げつけた。

四．パリとそこでの愉悦についてはここでは省くべきではある。しかし私が仕事にまた取り掛かるようになった時自分の実力がさらに成長したことを実感した。私は今や自分の文体と扱っている題目を極めたといってもよく、私の毎日の仕事量が増大したにも拘らず、執筆内容を破棄したり修正したりする必要がなくなったのだ。私は今までは一つの型に長い段落を入れた上でそれを自分の声で読み上げげそれを自分の耳で聞こうとし、丸ごと記憶し最後まで磨き上げない限りは実際に執筆するのを控えたのであった。さらに付け加えると、冬の忙しい社交や議員としての職務に携わっている時ほど私の精神は活発で創作も調子が良かったのだ。

一七七九年二月三日

イギリス人の大部分が今もキリスト教の名前と影にこれほど密になっていることを私が信じていたならば、つまり敬虔で臆病で分別ある人たちが極めて敏感に反応してしまうか、少なくともその振りをすると予め私が分かっていたならば、おそらく私は二つのあの恨みを買い、敵を作ってしまい、友人たちも数人しか納得できないような章をもっと柔らかい文調で言ったであろう。しかしすでに矢は放たれていたのであり警鐘も鳴らされていた。そして仮に聖職者たちの声がどれほど騒がしく辛辣であろうとも、彼らには迫害する権力をもう持っていないことだけに満足した。私は自分自身と自分の著作を世間の誠実さとに分別を持って委ねる決心をしていたが、オックスフォードのデイヴィス氏が厚かましくも歴史家の信仰心ではなく良き信仰心とも言うべき誠実さを攻撃するに及んで、それに対して怒りというより軽蔑の念を表明した「私の弁明」が忙しく怠惰な都市の人々を一時楽しませた。だが平信徒や聖職者たちも私の無垢さと公平さについて満足はしていたようであった。私の論敵たちはしかしながらこの俗世においては報いられたようだった。確か哀れなチェルサムだけは見放されたがウォトソン博士を主教にしたことを誇らしげに語るのはあえてやめておきたい。しかし私はデイヴィス氏が国王から年金を下賜されアブソープ博士が大主教職に就任するまでになった自分の功績は喜んだ。彼らの成功はアリウス派のテーラーやメソジスト派のミルナーやその他の名前を覚えるだけで困難で口にしても実りのない多数の人々の熱意を促した。私の論敵のリストにはプリーストリ博士、サー・デヴィッド・ダルリンプル、ホワイト博士等のより権威の名前が連なっているし、ケンブリッジとオックスフォードの両大学の論争家たちは自分たちの主張や冊子をローマの歴史家の私に向けたが、結局その沈黙を穿つことはできなかった。私は最初、この聖職者たちの大砲の一斉射撃に驚いたことを正直に述べたいが、その空虚な音がその意図においてだけ敵意があると知ったら、私の恐怖は憤慨へと変わっていった。そしてこの憤慨と好奇心のあらゆる感情も今ではとっくに純粋で冷静な無関心へと変わっていた。

一七七九年五月

私の著作の進捗は全く異なった種類の論争によって中断された。大蔵大臣と当時国務大臣出会ったウェーマス卿の依頼で、フランスの宣言に対してイギリスの武装に関する正当性を立証することを依頼された。パリの前駐在大使ストーモント卿のあらゆる通信文が私の精査に委ねられた。そして私がフランス語で執筆した『弁明覚書』は最初に閣僚たちによって認可され、その後に国家文書としてヨーロッパの各宮廷に配られた。その文書の文体と形式は個人的な口論で反論しようとしていたボーマルシェ自身からも賞賛された。彼はこの覚書の執筆者をストーモント卿であるとして私を喜ばせたが、彼の罵倒の粗野さが彼が冷静さと機知を失っていたこと露呈している。

一七七九年七月三日

私が形成してきた名誉ある人との縁のうち、当時は法務大臣に就いていて今ではラフバラ卿の名で民事訴訟裁判所長官に就いているウェダバン氏との友情には当然のこととして誇りを持っている。彼の強い推薦とノース卿の好意的な配慮によって私は貿易植民評議委員会の一員として指名され、結果として私の個人の年収は七百から八百ポンドまで増えた。野党の雄弁家の想像力だと「貿易評議会の事実上の永久の休会並びに中断なき流会」などとどぎつい色彩での嘲笑を用いて描いただろう。だが実際の職務はそこまで骨の折れるものではなく、私の書斎から職場へと呼び出されることなく多数の日や週の休息を味わえることは認める必要がある。私がこの仕事を引き受けたことで、今までは友好的な仲だった人たちから野党のリーダーとしての敵意を買うことになってしまった。そして私は未だかつて登録したこともない党を裏切ったとして極めて不当に非難された。

次の会期の議会の様子は暴風が吹き荒れ、危険なものであった。地方での会合、請願、通信委員会等の活動は世間の不満を告げていた。そして政府の味方たちが過半数の票を得て勝利するどころか少数派として苦戦して時には敗北することもあった。下院は「国王の影響力はかつてより増大し、今もなお増大しているが故に減少させられるべき」というダニング氏の動機を取り上げ、バーク氏の改革法案は巧みな技術を駆使して書き上げられ、さらに雄弁によって述べられ多数の議員たちの支持を受けた。我々の前の総裁であるアメリカ担当国務大臣はぎりぎりのところで追放の求刑を逃れたけれども、不運な貿易評議会は下院委員会でたった八票の差（二百七票対百九十九票）で廃止されることになった——紀元一七八〇年三月一三日——だが嵐は吹き続けた。多数の地方紳士たちがいなくなったことが愛国者たちの楽観的な希望を挫くことになった。貿易評議会は再度立ち上げられた。そして政府はその力と活気を取り戻した。そして悪意ある狂人によって点けられた六月二日からのロンドン大火は全ての知的な男たちに一般大衆に訴えかけることの危険性を思い知らせた。この議会の会期の後に続いた早期の解散によって私は自分の席を九月一日に失い、エリオット氏は今では野党の政策に深く従事していて、リスカードの投票者たちの大部分はエリオット氏と大体同意見だった。私のこの議員としての生活の間に、一七八一年三月一日に私の『ローマ帝国衰亡史』の第二巻と第三巻が刊行された。私の教会史に関する記述はいまだになお自由な精神の息吹がある程度残っていた。しかしプロテスタントの熱狂も四世紀や五世紀の人物たちと議論については無関心である。私の頑固な沈黙は敵対論争者たちの熱意をとっくに挫かせていたのであり、その中でも特に素直な人物のワトソン博士はもう一回攻撃することはないと確約していたし、ユリアヌスの善徳と悪徳の公平な記述も一般的な賞賛を受けた。この休戦はイタリアのカトリック教徒たちからのいくつかの警告状と、イエス・キリストについて証をする神と言葉と聖霊の三人の天上の証人について改竄された文章について、この分野において最も権威ある文献学者と比肩しているような形で弾劾したことの非が私個人にある、というトラヴィス氏のいくつかの怒りの手紙くらいであった。教皇や修道士たちを頑固に擁護し続けるこの迷信は、オックスフォードのこれまた頑迷な信徒たちに引き渡されるのが相応で、哀れなこのトラヴィス氏は容赦なきポーソンの苔で今もなお呻いている。しかし私はロンドンの人々の無関心さと偏見さえもある程度予想していたが気づいた。そして多くの読者の判断によれば、私のこの作品の続刊は第一巻のものと比べて劣るという噂がどうしても耳に入ってしまう状態にあった。成長できない著者は下降していくものと映ってしまうのだろう。私の評判において嫉妬の念が兆してきており、私の宗教上の敵たちの悪意は政治家の敵たちの悪意によってより強化されるようになった。しかし国内と国外両方の賞賛の証言によって私は励まされもしていた。そして第二巻と第三巻は気付かぬうちに売上も伸び、最終的には第一巻と同じ程度の評判を博するに至った。しかし世間が間違うことは滅多にない。第二巻の特に冒頭の部分で第一巻よりも詳細に入りすぎていて、読む楽しみを引き出せないことはやはり認めざるを得ないのだろう。私の努力の念は決して第一巻の成功によって弛緩されたわけではないが、細かく過度な分量の知識を記載してしまったという逆方向の欠陥にむしろ陥ってしまったと言えるだろう。大陸においては私の名前と書作は少しずつ有名になっていった。第一巻のフランス語訳はパリの書店主たちを落胆させ、第三巻のある部分については当時の際立った人物への個人攻撃という非難を受けることになった。

紀元一七八一年六月――私が総選挙への立候補をしようと思った段階ですでに登録名簿は限度まで埋まっていた。しかしノース卿は自分の約束に誠実であり私の推薦は強力なものだったから、私はすぐにハンプシャーのリミントン都市選挙区の補欠選挙に当選した。新たな議会の最初の会期において内閣はまだ継続している段階にあった。内閣の総解散は次の会期へと持ち越された。前まではアメリカとの戦争は国民の注目の的であり、イギリス人の誇りは植民地における抵抗に苛立っていた。そして国民の怒号の声に押されて政府はもっとも強く威圧的な強硬手段に踏み切ることになった。だが不毛な戦争が長期化し、兵士たちの損失、負債と課税の蓄積、そしてフランスとスペインとオランダのイギリスに敵対した形の同盟関係によって国民はアメリカとの戦争とそれを指揮した人たちに次第に反感を買うようになった。世間の人々の代表者たちもゆっくりながら世論の変化に追随していった。そして自分たちの意向を曲げようとしない大臣たちは国民の暴風的な力によって折り曲げられた。ノース卿が下院で過半数の票を失いそうになるか、あるいは実際に失うと彼はすぐに辞職し、明晰な良心と陽気な気質が穏やかに確保されている私人としての境遇へと引き戻っていった。古い建築物は解体され、政府の席は勝ち誇っている老練な野党の隊員たちによって占拠された。貿易評議委員はすぐには解散されなかったが、評議委員会自体は愛国者たちを表面上の礼儀として復職させたバーク氏の法案によって廃止された。そのため、私はとても割の良かった年収を三年間で剥奪されることになった。一七八二年五月一日私の『ローマ帝国衰亡史』という題名はとても融通の効くもので、その最後の章は私の裁量にある程度属するものであった。そして今まで出版した三巻で西ローマ帝国の滅亡までを取り扱い、それによって世間との当初の約束を履行したことになり、そこまでで満足するかどうか長い間思いあぐねた。そして一年近くに及ぶ中間期において、私は自然な衝動として古代のギリシアの作家たちへと戻っていった。ベンティンク・ストリートにある私の書斎や、ブライテルムストンの夏の保養地やハンプトン・コートで借りた田舎の家で、私は新たな喜びとして『イリアス』と『オデュッセイア』、ヘロドトスやトゥキディテスやクセノフォンの歴史書、アテネの悲劇と喜劇の大部分、ソクラテス学派の多数の興味深い対話を読んだ。しかしこの自由な贅沢の中でも私は日課の業務、つまり各々の本全てに価値を与え各々の探求に目標対象を与えるような能動的な研究活動をしたいと思っていた。

一七八二年三月一日

――新版の序文が私のこの計画を告げ知らせ、進んでプラトンの時代からユスティニアヌスの時代へと降り立っていった。プロコピウスとアガティアスの原文は、ユスティニアヌスの治世における出来事とさらに人物たちについて記載されていてその知識を獲得することができた。だが冬の期間における努力の対象はもっぱらローマ法典や学説彙纂、そして近代の研究者たちによる解釈へと向けられ、それを経てから私はローマ法についての概観を執筆しようと思った。私の技術は実践を通じて向上していった。私の勤勉さは職務を辞任したことによりおそらく一層活発になり、そしてレマン湖の岸へと隠遁しようとする前までに最後の一章を除き第四巻を書き終えたのであった。

ロッキンガム侯爵の死去に続いて発生した分裂、シェルバン伯爵の指名とフォックス氏の辞任、そして彼とノース卿の有名な連立内閣等々、一七三八年のこの時期の公のあるいは内密な話を詳細に物語るのはこの自伝の目的とするものではない。しかし彼らの政治的な確執においてもこれらの偉大な敵対者たちは互いに個人的な敵意を抱いたことはなく、彼らの和解もあっけなく行われ、それも心からのものであったことはある程度の確かさを以て断言してもいいだろう。そして彼らの友情の念も疑念や羨望の影によって曇ることもなかった。彼ら各々の配下たちの中で暴力的であったり忠誠心がほとんどない者たちも確かに格好の時期で謀反の機会を狙っていたけれども、彼らの提携関係は依然として下院の多数派を維持していた。講和が弾劾され、シェルバン卿は辞職した。そして二人の友人たちが同じクッションに跪いて国務大臣としての宣誓を行った。感恩の原理から連立内閣を変わらず私は支持して、実際の選挙においても私の一票は数えられたが、その一方戦利品の分配において私は省みられなかった。私よりもさらにふさわしく強い願望を持って立候補した人間が多数いた。貿易評議会の復活は結局実現せず、官職のポストは減らされたのに立候補者の数は倍化した。関税及び消費税評議会という安定したポストが最初の空席が出るとすぐに約束されたが、実際のところはその可能性は疑わしかったし、できたとしても大分先のことだった。そして私は自分にとっても最も価値のある研究時間を卑屈な公僕仕事に熱心になることで奪われるようなことは望んでいなかった。同時に私にとってロンドンの喧騒と議会への出席はだんだん面倒なものとなってきた。そして追加の収入なしに私が今までに行ってきた出費の慣習は、もう長く分別を以て続けることができなくなった。

第八章　ローザンヌ

一七八三年五月二〇日

私の若い頃からのローザンヌでの生活から私は青春時代の学校が老年期の隠遁地になってくれたらという密かな想いを育んできた。まずまずの資産によって安息と閑暇と独立の祝福が確保され、その土地と人々、風習そして言語が私の好みとぴったりであったのだ。そして親友との家庭単位での交際も持ちたいとも願っていた。デヴェルダン氏は数人のイギリス人と旅行した後、逝去したおばが贈り物として遺していった落ち着いた住まいに今は定住していた。我々は長きに渡って離れ離れになっていて、連絡を取り合うこともなかった。しかし私が彼に久々に送った最初の手紙で私の置かれている境遇と想いと計画の意図について限りない信頼の念を持って伝えた。彼はすぐに答えをよこし、暖かく陽気に私を受け入れてくれたのであった。我々の今後の生活の映像を思い浮かべると私はいてもたってもいられなくなった。彼が所有権を握っていて私が出費を担当することになった共同の住まいの話はいとも簡単に決まってしまった。私がイギリスの鎖を断ち切るにあたって、自分の想いと怠惰な性分と、満場一致で私の自発的な退去を非難したイギリスの世論と組み合う必要があった。私の家財の処分にあたっては、私の聖なる宝庫ともいうべき書斎だけが免れることが許された。私の郵便馬車がウェストミンスター橋を渡り、ついに「ローマの煙、雑踏、出費（ホラティウス『頌歌』第三巻二九、一二）」へと長い別れを告げたのであった。九月一五日から二七日までの私のフランスを経由した直行の旅は如何なる事件が起きて妨げられることもなく、最初出立してから二十年後、私はローザンヌに着いたのであった。三ヶ月もしないうちに連立内閣は思わぬ障害で沈没してしまった。もし私がそこに留まっていたのならその難破の運命を共にしていたであろう。

西暦一七八三年九月二七日〜一七八七年七月二九日

私がローザンヌに定住してから今日で七年以上経過したことになる。そして毎日が必ず等しく平穏で静かとはいかないまでも、私は自分の選んだ判断を後悔したことは一瞬たりともない。私は人生の大部分ここに不在であったが、その間に多くの変化を被っていた。私の年上の知人たちは人生の舞台から去っていたし、乙女たちは既婚婦人となっていて、子供たちは成人に達していた。しかし一部の風習は変わらぬまま次の世代へと受け継がれていた。私の友人だけでもかけがえのない宝だったし、私の名前もこの地で完全には忘れられてなかった。そして皆がこの余所者の到着と同胞の市民の帰国を歓迎するために熱心であった。最初の冬は相手の人や性格を区別することなく誰とでも交際したが、より長い期間定住した後、私はもっと厳密に精査し、私はこの新たな境遇の堅固で恒久的な利益を三つ見出した。

一．私の個人的な自由は幾分か下院と貿易評議会の出来事によって奪われていたが、今ではその職務という束縛と依存性、政治的な冒険の希望と恐れから解放されているので、私の平静な精神も党の喧騒によってかき乱されることもなくなった。そして議会解散に先立ったあの毎日の深夜の討論についての記事を読む度にこの解放の喜びを私は噛み締めた。

二．イギリスでの私の経済資産は一人の孤独な独身者がたまに食事を奢る程度のものだったが、ここスイスでは私は毎食、毎時間に私の幼馴染との自由で快適な会話を楽しんでいる。そして私の毎日の食卓は常に一人か二人の臨時の客を受け入れる用意を常に備えていた。我々の社交界において占める重要性は絶対的に高かったわけではなく、あくまで相対的な要素であった。ロンドンにおいて私は雑踏の中に埋没していた。だがローザンヌでは最高位の家族たちと対等に交際でき、私の分別ある出費によって相互における正しい釣り合いの取れた交際関係を維持することができた。

三．街通りと馬小屋の広場の間にある小さな家の代わりに、私はここでは広く利便性が高く、北側は市街地へと面していて南側には美しく果てしない地平線へと開かれている宅を構えるようになった。四エーカーの庭園がデヴェルダン氏の趣味で造園されていて、この庭園から牧場と葡萄園があり、そこからレマン湖へと降っていく彩り豊かな光景が展開されており、そしてレマン湖の遥か向こう側の展望はサヴォワの巨大な山脈によって装飾されている。私の書物と私の友人たちは初めロンドンにおいて結合していたのだが、都市と田舎地方にある私の書斎の幸せな状態はついにローザンヌのためにとっておかれた。この三重の繋がりに内包されているあらゆる楽しみを私が所有するに至った今では、季節が移り変わったところで自分の住処を変えようという気には全然ならない。

私の友人たちは、世界の諸々の最高の都市の最高峰の人たちと長い間今まで交際してきたので、アルプスの麓にあるスイスの街で私が暮らすのは無理だろうと親切ながら不安を抱いていた。この類の高尚な繋がりは確かに好奇心を惹き虚栄を満足させるだろう。しかし私は自分自身の価値を他人との交際において測るにはあまりに謙虚かあまりに誇りを抱いていたのであった。そして学識や天才の博する名声が何であれ、経験によって私は丁寧な礼儀と良識を多少なりとも備えていることの方が人々との交際においてもっと役立つものだということを知っていたのだ。多数の人によって会話は劇あるいは学校として尊重されているが、私の朝の時間を書斎での仕事に没頭してしまうと、その後は精神を活動させるよりも休ませたいと思うし、お茶と晩御飯の間の時間では私は特に気取ることもなくカード遊びの無邪気な娯楽に加わった。ローザンヌは貪欲さや野心を追求することによって社交上の無為を邪魔することが滅多にない地方紳士たちが多く住んでいて、女性も家庭内教育を受けただけではあるが、自分たちの夫や兄弟たちよりもその大部分がより洗練された嗜好や知識が授けられている。だが両性の上品で自由な交際は極端な簡素さと洗練からは等しく隔たっている。ヴォー地方の位置と美しい光景、イギリス人の長年の習慣、ティソー博士の医者としての評判、山脈や氷河を眺める流行がこの地へとあらゆる地域と国家からの観光客を招くことになり、私はそれを長所や業績というよりもむしろ不幸だと考えていることを付け加えたい。ネッケル氏夫妻、プロイセン公子ハインリヒ、フォックス氏らがここを訪問したことはこのことに関する幾分かの楽しい例外ではある。しかし一般的にはローザンヌは自分たちだけの社会で完結していたときの方がもっと快い存在として私の目に写っていた。

西暦一七八四年七月

私のロンドンからローザンヌへの移住は『ローマ帝国衰亡史』の進捗を中断させることなしに達成することはできなかった。急いで出発したことや到着で陽気に浮かれていたこと、私の執筆のための道具類がなかなか到着しなかったことがその進捗作業を遅らせた。そして今まで通りの毎日の規則正しい労力を再開するには一年間丸ごとかかった。最も必要不可欠でかつ最も入手しにくい多数の書物はあらかじめ選び出されていた。私が自分の所有物であるかのように利用できたローザンヌの大学図書館には、少なくとも教父や宗教会議の文献が収蔵されていたし、ベルンやジュネーヴの公的な収集物からも助けられることがしばしばあった。『ローマ帝国衰亡史』の第四巻は受肉戦争の要約で完結するに至ったが、これはプリドー博士が予てから俗世間の目にその記述を晒すことを危惧していた。第五巻と第六巻では、ローマ帝国と世界の情勢の変遷はもっとも早く進み、それも多彩であり教訓的であった。そしてギリシアとローマの歴史家たちの記述は東と西の蛮族たちへの敵対的な記述と比較検討されるに至った。

私が自分の展望を諸々の民族ごとに区分けする方法を好んで採用し、今もなお採用するに至ったのは多数の計画と試行錯誤の末だった。そして表面上は年代順を無視した記述は興味と分かりやすさという大きな利点によって十二分に埋め合わせられた。私の意見としては第一巻の文体様式はどこか雑で技巧に走っていたように思われるが、第二巻と第三巻になるともっと流麗で正確で魅力が感じられるように成熟している。しかし第三巻の終わりになると、自分の筆がすらすら進んでいくことについつられてしまって、話し言葉と書き言葉の言語が各々別であったという今までの習慣もあり、ついフランス的な表現も幾分か混ぜてしまったのだ。私は日が沈むまでに執筆作業を必ず終わらせ、特に午前中に終わらせることも多かったため、長期間ながら節度ある仕事は精神と肉体を疲労困憊させずに成就することができ、視力も損なわれなかったのは幸いである。しかし私が自分の仕事の残りの分量と時間を計算してみると、発刊する時期次第では一ヶ月遅らせることは一年分の遅れをもたらす虞もあるのが明らかだった。そこで今や私は目標へと向かって全力疾走するようになり、最後の冬にはローザンヌの社交の楽しい時間がこの注力のために割り当てられた。今思うとこの真剣な校訂作業において休息時間、中間期を挟めば良かったと思っている。

一七八七年六月二七日

かつて私は受胎の瞬間をあえて書き残したが、今では最終的な分娩の時間を記念するとしよう。それは一七八七年六月二七日の昼というよりもむしろ夜の十一時と十二時の間に私は庭園の東家で最後のページと最後の行を書いたのだ。擱筆した後、私は田園、湖、山脈の展望を見渡せるアカシア並木の散歩道を何度か行ったり来たりした。空気は穏やかで、空も平穏としていた。丸い銀色の月が湖上に照らされていて、辺り一体の自然は静かであった。私が自分の自由を再度獲得し、そしておそらく我が名声を博することができたことの最初の喜びの感情を隠すつもりはない。しかし私の高慢さはやがて収まり、私の古くからの快適な伴侶と永遠の別れを告げることになったことを考えると落ち着いた悲しみが私の精神に広がっていき、そして私の『ローマ帝国衰亡史』が将来においてどこまで生き続けていくのかは知らないが、歴史家当人の人生は短く不安定なことを考えることもやはり悲しくなった。私が四折り版の合計六巻に関して、少なくとも五巻分の執筆において滅多に起こらないはずの出来事が生じたことをここで記しておきたい。

一．私の最初の粗い草稿が、それの清書作業の段階を飛ばしてそのまま印刷会社へと送られたこと。

二．著者と印刷者を除き誰一人その草稿を一ページたりとも目にしなかった。そのためその内容の欠陥ならびに長所は全て私だけにその責任が帰する。

西暦一七八七年七月二九日

四年間私はローザンヌから十六キロほども離れずに静かに暮らした後、多少の戸惑いと恐怖を感じつつも山と海を横断し千キロほどの旅に出た。しかしこの恐るべき冒険も結局危険や疲労もなく成就され、二週間後には私はシェフィールド卿の家と書斎に、安全で幸福で快適な状態で身を落ち着けていた。私の友人（ホルロイド氏）は己の性格によって彼をコヴェントリー選出の下院議員、重騎兵連隊司令官そしてアイルランド貴族の地位へと引き上げていった。彼の政治的な文章に込められている良識さと逞しさは、アメリカとアイルランドとのイギリスの通商取引に関する大きな問題についての世論を導いてきたのであった。彼は一七八四年に不人気な連立内閣とともに失脚してしまったが、彼の業績は最近の総選挙（一七九〇年）においてブリストル市からの名誉な招聘と自由な選出によって承認された。私がイギリスに居住していた頃はずっとシェフィールド・プレイスとダウニング・ストリートで彼の好意的な歓迎で楽しい時間を過ごし、特にその中でも最も楽しかったのは彼の家族との家庭的な団欒の時間を過ごした時であった。

首都での一層広い社交範囲において、私はイギリス人としての知識を持ちつつも偏見は抱こうとせずにその国土と住民たちを観察した。しかし私は公平に鑑みればおそらく国民の活動精神とピット宰相の叡智を等しく原因とする富と繁栄が明らかに増加していることを見ては喜んだ。各々の党のかつての喧騒は今や忘れ去られていた。私は誰とも競争関係にはなかったので、誰も私と敵対関係にはならなかった。私は独立している者としての威厳を感じ、そして世間における一般的な儀礼に満足してそれ以上は何も求めなかった。ロンドンにおける家のうち私は最も喜びと熱心に訪ねたのはノース卿の家であった。彼の権威が失墜し盲目になってしまった後でも、彼は自分自身と友人たちに幸福を抱いており、私の彼に対する感謝と敬意の念の公式的な表明も、何ら個人的な利害を動機するものとして疑われることはもはやなかった。私がイギリスを去る前に、一七八八年六月にウェストミンスター・ホールでのヘイスティングス氏弾劾の厳粛な光景に居合わせた。私はこのインド総督の有罪無罪についてここで判断するのは差し控えたい。しかしシェリダン氏の雄弁に私は思わず喝采を呈してしまったし、イギリス国民の前で彼が私に呈した個人的な賞賛を心動かされずに聞くことはできなかった。

私の最後の三巻の刊行が当時の最大の目標だったので、私のイギリスの旅行——一七八七年八月~一七八八年四月——においては最初の仕事であった。書店主と印刷者たちとの事前の取り決めはロンドンを通過する際に終わり、私がさらに訂正を施した校正稿は郵便の度ごとに印刷所からシェフィールド・プレイスへと発送された。一連の作業のかかる時間と田舎での閑暇によって私は自分の原稿を閲読する時間を作り出すことができた。私は『エルサレム法令集』、ラムシオ訳の『コンスタンティノープル戦記』、フィレンツェ公会議のギリシア語議定書、ローマ市条例等の貴重な資料を調達し、私の著作においてそれらを各々適切な場所に補足の意味合いとして埋め込んでいった。第四巻の印刷は三ヶ月かかった。我々の共通の利害によってこれをもっと早いペースで行っていくよう要請し、その結果としてストラーン氏は毎週必ず三千部ずつ九シート分の印刷を完了するという殆どの印刷人の手腕では履行不可能な約束を果たした。とはいえ本の発売日は私の五十一歳の誕生日と合わせるようにして一七八八年五月八日まで延期された。この二重の祝いはキャデル氏の宅での文人たちとの陽気な食事会において祝賀された。これまでその詩人としての天分を一度ならず友人たちの賞賛の下で動員してきたヘイリー氏の優雅な私への賛辞を聞いて、私は思わず赤面してしまっていたようだ。以前からの購入者たちの大多数が私の著作の完結を自然に望んでいたので、四折り版の売り上げは申し分のないものであり、公衆の需要を満たすためにより安価な八折り版も印刷された。私の著作の完結は強いセンセーションを巻き起こしたようで、世間に広範に読まれ様々な評価が下された。この作品の文体は多数の学術的な批判に晒されたし、宗教上の怒号もまた再発した。そして卑猥であるという弾劾も道徳に関する厳格な検閲者たちによって大声の反響が引き立てられた。しかし『ローマ帝国衰亡史』全体においては国内と国外の両方にその根を下ろしたかのように思え、そして向こう百年間、ひょっとするとずっと非難され続けられるかもしれない。フランス語、イタリア語、ドイツ語の翻訳も出版されて多様な成功を収めた。しかし著者の名前を世に広めつつも実際はその評判を落としてしまうような不完全な版の刊行を私は擁護するどころか進んで差し止めたい。アイルランドの海賊版については私の味方であると同時に敵でもある。だが私はスイスのバーゼルで大陸での普及のために刊行された英語原文の二度に亘る正確な多くの版については、不快を抱くなんてありえないことだ。我が国の言語と文学による制覇は決してヨーロッパだけに留まるわけではない。そしてロンドンで成功を収めた著者の作品はやがてデラウェア河やガンジス河の辺りでも読まれるようになる。

第四巻の序文において、私はイギリス人たる名前を誇りつつも近々ローザンヌの湖の近隣へと戻ることを述べ伝えた。この祖国での最後の経験を私は自分の幸福のために賢明な選択をしたと確信していたし、さらにこの一年間の母国へと帰還している間でも母国に定住しようという願望を満たそうとは一度たりとも思わなかった。英国は確かに自由で幸運な島国ではある。しかし私がローザンヌの定住で享受した諸々の快適さと美しさを結合するような場所は一体どこにあるというのか。ロンドンの喧騒は私の目と耳に安らぎをもたらすことなど到底ありえなかったし、公共での娯楽場所もそこでの骨折りを償うだけのものをもたらすことはもうなかった。クラブや集いは新参者や若者たちでいっぱいだった。そして我々の最良の社交とも言える長く遅くまで続く食事会もやがて私の健康を害するようになるだろう。政治的な歯車に何かしら関わることもないのでそこにいても私は怠惰に過ごし、周りには無価値な人間として思われるだろう。だが譬え政治の世界にどれほど華やかな魅惑があろうとも、議会や官職への隷属へと再度踏み入れようとは思わない。『ローマ帝国衰亡史』を刊行してから数週間後、タンブリッジでのシェフィールド卿夫妻の抱擁から無理にでも我が身を引き剥がして、私はイギリスへと一緒に連れてきていたスイスの友人と共にドーヴァーを経由してローザンヌへの道程を辿っていった――西暦一七八八年七月二一日～二三日。私の住居は私が不在の間に色々と手が施されていて、私が辿ったロンドンからの道を追うようにして多数の本が最後の郵便として送られてきて、私の選り抜きの書斎の収蔵数が六千から七千冊までに増えたのであった。私の後宮は大規模なものとなり、私が収蔵のために選んだ本も私の裁量に基づくものであり、そして私の読書欲は強烈なものであった。ホメロスとアリストファネスをたっぷりとご馳走した後、プラトンの作品の哲学的な迷宮へと入り込んだ。そして彼の演劇的な部分が議論の箇所よりも興味深いかもしれないが、ともかく私は読者や思惟によって偶発的に開けた探求のあらゆる道へと踏み込んでいった。

悲しいことに私のスイスへの帰還の喜びと研究への熱情は、友人のデヴェルダン氏が憂鬱な状態になったことにより暗雲が立ち込め始めた。彼の健康と活力は今までに段階的に衰弱していたことにより苦しんでいたが、卒中の発作の連続が彼の死を予兆し、彼を愛していた人たちは彼の生命が続くことは願えず、一七八九年七月五日に彼は死去した。理性の声は彼の苦痛からの解放を喜んだかもしれないが、自然と友情の悲しみの気持ちは時間の経過によってしか収まることができなかった。彼の愛すべき性分は私の思い出の中で今も生きている。各々の部屋、各々の散歩道には我々の一緒の足跡の痕跡が残されていて、友人の死の前後に私の研究が長い間中断することがなかったら私は自身の哲学に赤面してしまうだろう。彼は遺言で彼の親類の相続人に毎月一定の安い金額を払うか、或いは予め決められた金額で彼の家と庭園を購入して所有してもよいという権利が私に与えられた。何らかの法律的な困難が私の権利の行使の障害とならなければ、私は所有権という悪魔に唆されたであろう。抗争にはストレスが伴い、先行きが見えず他人の妬みを買うだろうから、相続人は極めて好意的に私の在命中に所有権をもっと確実に得られ、将来の条件ももっと確実性のある契約に同意してくれた。私の所有権の確立は私に家の補修と改築のための相応の金額の支出を可能にし、それも高い技量に洗練され私の好みに合う形で遂行された。そしてヨーロッパにおいて私ほど快適に暮らしている文人は滅多にいないだろう。しかし私は今天国に一人ぼっちでいる気分にあり、そして今後老齢を重ねていくにつれそれはより痛ましい気分になっていくだろう。ローザンヌで知遇を得た人たちとの社交において、私はある立派な家庭との堅固で優しい友情を獲得した。その家庭における四人の人々は各々の年齢と境遇に適った最善の徳を備えていて、そして私は両親を兄弟として愛し、その子供たちを父親として愛する気持ちになっている。毎日我々は一緒に集う機会を見つけようとする。しかしこれほどの価値の高い繋がりにおいても、私は友人との家族とも言えた交際の喪失を埋めあわせることができなかった。ここ二、三年においてこの一家との平穏な関係はフランスの混乱騒ぎによって曇り始めた。ローザンヌの多数の家族が差し迫ってきた破産の恐怖に警戒しては動揺していた。しかしフランスの王国の革命は、というよりむしろ解体は、隣接する地であるこの場所でも聞かれたり実感されるようになった。男女問わず国家の破滅から逃れてきた移住者の殺到がローザンヌの近隣さや風習や言語に惹きつけられてきた。そして都市部にせよ地方にせよその狭い住処の中で、今や絶命した王政における第一級の名前と称号を持つ人々によって占拠されるようになった。これらの高貴な逃亡者たちは確かに同情するに値する存在であり、我々の敬意を受けるだけの資格を有する。しかし彼らの今の状態における精神と資産では、我々に大した楽しみを提供することはない。彼らがヨーロッパという舞台を無為で大人しい観客として見下ろすというのならともかく、彼らの党派精神の持ち込みによって我々の家庭内の調和も幾分か乱されるようになった。我々の紳士や夫人たちも独学の政治家として衒い始めた。そして叡智と経験の平穏な教えは勝ち誇ったような民主主義者たちの怒号によってかき消された。これまで二百五十年以上に亘った戦争の切迫の不安も政府の圧力も感じずに繁栄したスイスの町や都市に、今では狂信的な扇動者たちが不和の種を撒き散らしている。多数の個人や幾つかの共同体が平等と自由の野蛮な理論というフランス病に感染されたようだが、国民の大部分は彼らの主導者たちと自分自身に忠実であると信じている。そして革命が成功するにしろ失敗するにしろどっちみち国家の破滅に終わると考えている。ベルンの貴族階級が幸福を保障している限りでは、それが人間の権利に基づくものかどうかを探究することは余分な骨折りである。その地の経済は課税の助けなくして惜しみなく供給されており、諸々の武装国家の真っ只中で非武装の国家である以上、慎重と公正に基づき統治者たちが政治を治めなければならない。私としては（そのようなことは避けたいと思っているが）、反乱の最初の太鼓の響きが私の速やかなここからの退去の合図となると断言できるだけである。

私が人間の辿る共通の運命についてじっくりと考えるとき、私が人生のくじ引きで相当な当たりを引き当てたということを認めなければならない。地球上の大多数は野蛮と隷属が蔓延している。文明社会においても多数を占める階級は無知と貧困に堕している。そして私の自由で啓発された国家と名誉ある裕福な家庭で生まれたという二重の幸運は、何百万分の一の確率という偶然による。五十歳を越えることになる新生児は三人に一人というのが一般的な確率であり、今その年齢を過ぎた私はこれを機会として精神、身体、財産の三つの区分けの基にその現在の価値を公平に評価していきたいと思う。

一．幸福においての第一の必須の条件は、過去の不相応な行為への自責の念や反芻によって汚されない清らかな良心である。

この汝のなんら蒼白な罪なき青銅の壁こそ
汝の良心であるべし
（ホラティウス『手紙』一巻、一、六〇～六一）

私は生まれつき快活な気質であり、ほどほどの感受性を備えていて、そして動くことよりも安息を好む気質である。幾つかの悪意ある欲望や習慣が哲学や年齢の重なりによってもしかすると矯正されたかもしれない。研究への愛好や楽しみからくる瑞々しい旺盛さという情熱が毎日・毎時間私に供給され、それには独立性と理性的な喜びという恒久的な源が伴っていた。そして今も私は精神的な能力の衰えを感じない。元々の土壌はこれまでの労働と肥料によって肥沃に耕されたが、ある種の空想の花、ある種の楽しい誤謬が偏見の雑草とともに除去されたかどうかを考察する余地はまだある。

二．私は長きに亘る幼年期の危機からはなんとか逃れたので、それ以来医者の真剣な助言が必要になることは滅多になかった。「過剰な幸福という狂気」（ポープ『人間論』第三の手紙、三）については結局味わうことはなかった。しかし私の華奢な体格は時間の経過とともに強靭なものとなっていった。この動物的な機械作用は今まで引き続き滞りなく規則正しく動いている。そして幼児における平和なぐっすりとした睡眠という計り知れぬ贈り物はおそらく精神と肉体両方からくるものであろう。四十歳あたりの時、私は痛風の苦しみを味わったが、それがこの十四年の間に七回か八回のその時々の発作として表れ、痛みはともかくとしてその持続が長くなるような兆しがあった。毎回の発作の度に以前よりも少ない力と遅い速さで歩くようになった。だがこの痛風は今までのところ私の足と膝に限定されている。苦痛は決して耐えられないわけではない。私は技術と看護によって授け得るあらゆる慰藉によって囲まれていて、私の本と友人によって専ら座って生活する日々も楽しいものだし、私の治癒の各々段階で快適な感覚を次々に通り抜けていく。

三．私はすでに自分に社交と境遇の快適さについて説明してきた。しかしこれらの楽しみも毎年の十分な収入が確実に得られなければ、無味乾燥でむしろ苦々しいものだったであろう。私の父親の夫妻は四肢の切断という苦しい方法によって完全に清算された。私の著作の収入、土地の売却、未婚のおば（ヘスタ・ギボン夫人）の財産の相続が私の資産を増加させ、さらにギボン夫人の死去というやがて来るべき悲しい日に寡婦への給付金も免除されることになるだろう。スイスという国家の尺度では私は裕福な男である。そして私の収入が出費を上回り、その出費で私の欲望が満たされるのだから確かに私は裕福なのだ。私の友人たち、特にシェフィールド卿のおかげで私の好みや気質から最も苦手とするような面倒ごとに煩わされることは無くなった。私の家計のやりくりは貪欲さによる出費や蕩尽されるようなことはなく管理されている。私の債務は定められた時期に滞りなく払われており、一度もこれまでの人生で原告や被告として裁判に出廷することもなかった。さらに私の最初の恋愛が失敗に終わった後、結婚という結合について一度も真剣に考えたことはないことを追加してもいいだろうか？

私は自分たちが掴めぬ影を追求する者でついにはその役目を放棄したとして不平を漏らすような文人たちの気取りに我慢がならない。さらに彼らの名声（それは何ら負担できないような重荷ではない）は嫉妬、非難、そして迫害の償いとしてはあまりに貧弱だというのだ。私の経験は少なくとも全く異なる教訓をもたらしてくれた。私の歴史に関する研究で二十年間の幸福な日々がより活性化され、その成功が私に名声と地位そして世間の私への評価と他のやり方ではありえなかったことをもたらしてくれた。私の自由奔放な叙述は確かに容赦ない敵対心を生んだであろう。しかし実際の棘の攻撃からは安全圏にいたので、そういったブンブン鳴るスズメバチの音には慣れてしまった。私の神経は動揺するほど過敏なものではなく、私の文学的な気質において私は苦痛よりも喜びを感じるように形作られている。著作家の合理的とも言える誇りは大衆の漠然とした見境のない賞賛に喜ぶどころか気分を害されるだろう。しかしそれでも彼は公私問わない尊敬を受けることに無関心ではいられないし、いてはならない。彼の社会的な共感ですら目下の現在において遠い地面にいる自分の友人たちに何かしらの楽しみを提供しているとして満足を覚えるかもしれない。そしてある日彼の精神は、今は産まれぬ孫たちにとっても親密な存在となるかもしれない。文学における第一人者たちとの友情や贔屓についてては衒うことはできない。英文学の庇護者たちはだいぶ前に書店の主人がその存在となり、彼らの理解度や援助が我々著作家の共通の尺度として最も無難な測定方法であろう。

現在は移ろいゆく瞬間であり、過去はもう存在しない。そして未来は闇に覆われ見通しも疑わしい。今日が私の最後の日にもなり得る。しかし確率という一般的にはとても正しいが個別具体においては欺くような原理によれば、後十五年ほど私は生きることになる。そのため私は今や賢者フォントネルが判断力と経験に基づいて自分の長い人生の中で最も快適な期間とした時期へと私はやがて入っていくことになる。彼のこの選択は我々の情念が平静になり義務も履行され、野心も叶えられ、確固とした礎に我々の名声や財産が建てられたことを前提とした情念を持っている成熟した時期だからこそ、我々の精神的な幸福が叶えられると定義するあの雄弁な自然史家によって補足されている。私としてもこの心地よい教義に反論するどころか心から賛同したいと考えている。私は精神と肉体の衰弱について想定より早く老弱することは想定していない。しかししぶしぶながらも、私は時間の短縮と希望の挫折という二つの原因がこの人生の黄昏時において、更なる暗さで染めてしまうことは認めなければならない。全体に対する部分の割合だけが、我々の存在の長さを測ることができる基準である。二十歳の時の一年間が我々の記憶と意識において流れる時間は人生全体の十分の一であるのに対して、五十歳だと四十分の一程度に過ぎず、この相対的な長さは自分の最後の分子が死という手によって奪い取られるまでさらに減っていくのだ。このような推論は形而上学的ではあるが、経験上では納得のいく正しい考えであろう。若き時の熱心な欲求や現在がいつまでも続くという思い込みは自分自身と世界への無知さに基づくものだ。それらはやがて時間の経過と経験によって失望なり或いは実現なりによって弱まっていく。そして中年期が終われば、大衆たちは山の麓に留まることで満足しなければならないし、一方頂上まで上り詰めた数人も山を自分で降りていくか頂上から転落する危険性を孕んでいる。老年では希望という慰めは親として自分の子供のために新しい生活を始める愛情や、雲上で讃美歌を歌う熱狂的な信者の信仰心や、或いは自分の名前と著作の不滅さを衒ったり気取ったりする著作家たちの虚栄くらいであろう。

一七九一年三月二日、ローザンヌ

【注】

1 Henry Fielding（1707-1754）：十八世紀イギリスの作家。元は政府批判の演劇を制作していたが、取り締まりの強化により小説家に転じた。「イギリス小説の父」と称され、代表作に『トム・ジョウンズ』がある。

2 Robert Molesworth（1656-1725）：十七世紀アイルランドの政治家、作家。ホイッグ党議員としても活躍していたが、『デンマークについての言及』などの著作もある。

3 Jakob Böhme（1575-1624）：十六世紀ドイツの神秘主義者。ルター派の教義を背景としてドイツ語で著作を執筆し、ドイツ観念論などにも影響を与えた。

4 Jean de La Bruyère（1645-1696）：十七世紀フランスの作家。同時代の宮廷人について描いた『人さまざま』（カラクテール）の著者として著名である。

5 Georges-Louis Leclerc de Buffon（1707-1788）：十八世紀フランスの博物学者、数学者。確率法や太陽系の起源について研究し、進化学の祖となった。

6 Daniel Bernoulli（1700-1782）：十八世紀スイスの数学者、物理学者。流体力学の研究においておおいに著名である。

7 Gaius Julius Phaedrus（?-?）：一世紀ローマの寓話作家。イソップをはじめてラテン語に編纂したことで知られている。

8 Cornelius Nepos（前一〇〇頃-前二五頃）：紀元前一世紀ローマの伝記作家。多産な作家であっ

【注】

たが現在においては著名な名称について描いた『英雄伝』などが残るのみである。

9 Titus Pomponius Atticus（前一一〇－前三二）：紀元前一世紀ローマの知識人。キケローの友人である。のちにアテナイに移住し、文明再興のために出版社を興した。

10 Pieter Burman（1713-1778）：十八世紀オランダの哲学者、ラテン語詩人。アムステルダムで哲学と文学の教授となり、ラテン詩にも長けていた。

11 Thomas Hearne（1678-1735）：十八世紀イギリスの好古家。中英語やギリシア語、ラテン語といった言語に明るく、それらについての年代記を編纂したことでも知られている。

12 Barthélemy d'Herbelot（1625-1695）：十七世紀フランスの東洋学者。アラビア語やペルシア語の辞書などを手掛け、またフランス語で東洋についての書籍を少なからず出版した。

13 Richard Hooker（1554-1600）：十六世紀イギリスの神学者。オックスフォード大学のコーパス・クリスティ・カレッジで教育を受け、のちに教会の牧師となった。著作に『教会政治論』など。

14 William Chillingworth（1602-1644）：十七世紀イギリスの神学者。オックスフォード大学のトリニティ・カレッジで教育を受け、神学者としての活動のほかに論争家や数学者としても活躍した。

15 William Warburton（1698-1779）：十七世紀イギリスの司教、文学評論家。教会と国家に関する論文も執筆したが、シェイクスピアの編集者としての仕事が著名である。

16 Ioannis o Chrysostomos：コンスタンティノープル大司教であり、聖書解釈者としてはアンティオキア学派の代表的な存在であった。

17 Sesostris: ヘロドトスの『歴史』に記載されているヨーロッパに侵攻した古代エジプトのファラオ。実在する第十二王朝セントセウト三世の業績を誇張した架空の人物とされている。

18 Manetho（生没年不詳）: 紀元前三世紀古代エジプトの歴史家、神官。プトレマイオス朝に仕え、ギリシア語で著作をした。主著『エジプト史』（Aigyptiaka）は一般に「アイギュプティカ」と呼ばれる。

19 Conyers Middleton（1683-1750）: 十八世紀イギリスの聖職者。聖書解釈についての様々な論争を行い、「ローマの信徒への手紙」についての著作もある。その他に『キケローの生涯』など。

20 Vasileios Kaisarias（330 頃 -379）: 四世紀ギリシアの教父。日本ではカイサリアのバシレイオスなどと呼称される。三位一体論によるアリウス派への論駁などで知られ、東方正教ではとくに聖人として崇敬されている。

21 Jacques-Bénigne Bossuet（1627-1704）: 十七世紀フランスのカトリック司教、神学者。ルイ十三世妃への説教により認められ、宮廷に入った。ルイ十四世の権威を正当化する王権神授説を提唱したことでも知られる。『哲学入門』などの著作でも著名。

22 Symbolum Athanasianum/Symbolum Quicumque: 三位一体の教理を告白したキリスト教の信条。西方教会で広く用いられ、ほかの信条と異なり断定調で書かれている。アタナシウスが書いたものと言われていたが、近年は否定されている。

23 Arius（250-336）: 三世紀、四世紀アレクサンドリアの司祭。神とイエス・キリストの関係について、父と子は異質であるとするアリウス主義を唱え、破門された。

24 skepticism: 人間理性による真理認識を否定する哲学的立場。不可知論や相対主義がその変形とされる。絶対的懐疑論は真理認識を否定するが、その主張自体は真理であるとしている自己矛盾を孕んでいるとアウグスティヌスに批判された。モンテーニュやバークリー、カントなどが懐疑論者とされている。

25 Philipp van Limborch（1633-1712）：十七世紀オランダの神学者。アルミニウスによって提唱されたレモンストラント派のカレッジで教鞭をとった。

26 Jean Le Clerc（1657-1736）：十七世紀から十八世紀スイスの神学者。註二五のリンボルクやジョン・ロックに請われてレモンストラント派のカレッジで教鞭をとった。

27 René-Aubert Vertot（1655-1735）：十七世紀、十八世紀フランスの聖職者、歴史家。聖職者としてはノルマンディーの小教区の牧師として活躍し、歴史家としてはスイスやポルトガルなどの革命について描いた著作がある。

28 Samuel Johnson（1709-17849：十八世紀イギリスの作家。辞書編纂やシェイクスピアの戯曲研究に至るまで幅広い分野で活動した。なお、より詳細な情報は小社より同翻訳者によって刊行されたサミュエル・ジョンソン著、高橋昌久訳『王子ラセラス、幸福への彷徨』京緑社、2021を参照。

29 Bernard le Bovier de Fontenelle（1657-1757）：十七世紀から十八世紀の著述家。多宇宙論について書いた啓蒙書『世界の多数性についての対話』が知識階級に影響を与えるなど、当時はヴォルテールと並ぶ存在であった。フォントネル学派自体はないが、それほどの影響力を持っていた。

30 Lucius Quinctius Cincinnatus（生没年不詳）：紀元前五世紀ローマの伝説的人物。執政官やディクタトルを務め、戦いを終えた後に農村に帰り、農耕に従事したことでも知られている。

31 Bellona: ローマ神話の戦争の女神。マルスの妻であるネリオーと同一視されている。

32 Cosimo de' Medici（1389-1464）：十五世紀フィレンツェ共和国の銀行家。メディチ家の当主として、父から引き継いだ銀行業を発展させ、フィレンツェにおける影響力を拡大させた。

33 Mont-Cenis: フランス南東部にあるアルプス山脈の峠。イタリアとの国境にあり、フランス側から行くとピエモンテ地方にたどり着く。

エピロゴス

告白

完全に自己を告白することは何人にも出来ることではない。同時に又自己を告白せずには如何なる表現も出来るものではない。

ルッソオは告白を好んだ人である。しかし赤裸々の彼自身は懺悔録の中にも発見出来ない。メリメは告白を嫌った人である。しかし「コロンバ」は隠約の間に彼自身を語ってはいないであろうか?所詮告白文学とその他の文学との境界線は見かけほどはっきりはしていないのである。（芥川龍之介「侏儒の言葉」）

ソクラテス：君は自伝というものについてはどう思うかね。

マテーシス：え、やはり価値あるものではないでしょうか。自分というのは結局のところ自分が一番よく知っているわけですから、その人間の書く自伝というのはその人間を知りたいと思っている人にとっては大きな価値を有するものではないでしょうか。

ソ：しかしそこに書いてある自伝というものが本当に真実のものであるという確証は果たしてあると言えるのかね。

マ：というと、それは一体どういうことでしょうか。

ソ：つまり二重の意味でそれが真実ではないことがありうるのである。一つは純粋に真実を誤って把握しているということ。例えば単純な記憶違いというものがまずある。自伝を書く人は大体は人生の晩年期、少なくともある程度の業績をだし終わった後の人生の下り坂にいる時点の人間が書くわけであって、年齢的にもまあ四十歳は越えたものとみなしていいのではないかね。

マ：まあそうですね。

ソ：それで四十歳の人間が十歳の時の自分を反芻する場合、それはつまり三十年前の出来事を思い返すわけだが、それだけの期間についてそこまで具に正確に覚えていられるものかね。

マ：確かに、言われてみればそうですね。特にその時はたとえその人間がどれほど天才的な知性を持っていてもまだ十歳ですからやはり未熟でしょう。それが正しいという保証はどこにもないですね。

ソ：それに純粋に真理の把握が間違っていることもあるだろうね。

マ：というと。

ソ：そんなに難しくなく別にいつものことさ。人というのは物事はこうだ、これが正しいと決めつけるものだが、間違っていることも多々ある。学問だってある仮説を立ててみても結果として間違っていたこともよくあることだろう。それが後になって間違っていることがわかるということが多いが、中には間違っていることにすら気づかずに、そのまま人生を終えてしまうこともあるだろう。それが自伝を書く際にも十分にありうるということだ。例えば自分を育てた母はこうこういう意図で私を都会の学校に入学させた、と記述したとしてもその母の意図を本人が誤って把握しているということが十分にありうるということだ。

マ：確かにそうですね。先ほどの話の繰り返しになりますが、その年齢だと考察する力もやはり未熟ですので誤った真理の把握もあるでしょうね。

ソ：そうだ。

マ：それともう一つは一体何でしょう。

ソ：もう一つは故意的に嘘をついている場合だ。

マ：そんなことは果たしてありうるのでしょうか。

ソ：十分ありうると思うがね。というよりも日常において非常によくみられると思うがね。自分語りにおいて自分を大きく見せたり、責任転嫁したりというのはよく見られることではないかね。

マ：まあ確かに。

ソ：自伝を書いているのもまた人間であるため、やはり自分を大きく見せることも十分ありえるだろう。もちろん、自伝を書いて出版しさらにそれを読みたいと思って手に取る人が多いということは、その人間は何かしら大きな業績を出したものと考えられるだろう。しかしその業績と関連する部分はともかく、それ以外の部分でも何かしら自分をよく見せようとすることはあり得る。また読み手がいる以上、読み手から批判されると予測される部分はやはり何とか工夫を凝らして書こうとしないだろうね。人間である以上罪を犯すものだが、譬えその理屈を読み手が頭でわかっていても、やはり批判したい気持ちになるだろう。或いは誰にも知られたくない恥ずかしい出来事もあるだろう。ある分野で優れた成果をあげたからといって、その人間が道徳的な人間ということにはならない。むしろ非道徳的であるからこそ優れた成果をあげたり、ましてや天才的な作品を作りあげることができることもあるのだ。実際信仰者の受難を神聖な調べで音楽として作曲した人間が決闘じみたことを若い頃やったり、世界の人類愛を想像することを歌った人間が実際は暴力を振るっていたとされることもあるのだ。そして身も蓋もないことを言えば、それを商売として書く場合、明らかに売れ筋を狙ったように書いてしまう。

マ：なるほど。

ソ：そもそも自伝というのは結局文学作品である。文学に携わる者ならともかくとして、音楽家や美術家或いは芸能家という文章のプロではない人たちが文体含め優れた「自伝」を書くことができるだろうか。

マ：考えにくいですね。

ソ：すると他者からの編集が加わるがそうなると、その人間の「自」伝ではなくなるというわけだ。

マ：確かに。では自伝なるものは価値がないと。

ソ：そうは思わないね。むしろ価値は大いにあるよ。だが何事においてもそうだが自伝を読む際にもその人間の言葉を疑ってかかった方がいいね。特に読もうとしている自伝を書いた人間が聖人君主として盲目的捉えないことだね。

訳者紹介
高橋 昌久（たかはし・まさひさ）
哲学者。
Twitter: @mathesisu

カバーデザイン　川端 美幸（かわばた・みゆき）
e-mail: bacxh0827.miyukinp@gmail.com

回想録

2024年2月9日　第1刷発行

著　者　エドワード・ギボン
訳　者　高橋昌久
発行人　大杉　剛
発行所　株式会社 風詠社
〒553-0001　大阪市福島区海老江 5-2-2
大拓ビル 5 - 7 階
Tel 06（6136）8657　https://fueisha.com/
発売元　株式会社 星雲社
（共同出版社・流通責任出版社）
〒112-0005　東京都文京区水道 1-3-30
Tel 03（3868）3275
印刷・製本　小野高速印刷株式会社

ISBN978-4-434-33024-7 C0098

料金受取人払郵便

大阪北局
承認
1635

差出有効期間
2025 年 1 月
31日まで
（切手不要）

郵便はがき

553-8790

018

大阪市福島区海老江5-2-2-710
㈱風詠社
愛読者カード係 行

ふりがな お名前		大正 昭和 平成 令和 年生 歳	
ふりがな ご住所	□□□-□□□□		性別 男・女
お電話 番号		ご職業	
E-mail			
書名			
お買上 書店	都道府県 市区郡	書店名	書店
		ご購入日	年 月 日

本書をお買い求めになった動機は？
1. 書店店頭で見て　2. インターネット書店で見て
3. 知人にすすめられて　4. ホームページを見て
5. 広告、記事（新聞、雑誌、ポスター等）を見て（新聞、雑誌名　）

風詠社の本をお買い求めいただき誠にありがとうございます。
この愛読者カードは小社出版の企画等に役立たせていただきます。

本書についてのご意見、ご感想をお聞かせください。
①内容について

②カバー、タイトル、帯について

弊社、及び弊社刊行物に対するご意見、ご感想をお聞かせください。

最近読んでおもしろかった本やこれから読んでみたい本をお教えください。

ご購読雑誌（複数可）	ご購読新聞
	新聞

ご協力ありがとうございました。

※お客様の個人情報は、小社からの連絡のみに使用します。社外に提供することは一切ありません。